Homemade® Weihnachten

Regina Schneider & Birgit Hackl

Homemade ⓗ Weihnachten

99 kulinarische Überraschungen
und 4 Festmenüs

Illustrationen
von Miriam Koch

GERSTENBERG

Inhaltsverzeichnis

Von drauß vom Walde ...

Morgen, Kinder, wird's was geben

Alle Jahre wieder …

Prost Neujahr!

Laterne ...

Auch wenn Lebkuchen und Dominosteine bereits seit September die Regale füllen, wird spätestens zum Martinsumzug klar: Weihnachten steht vor der Tür!

Jetzt ist bald die Zeit gekommen, das Heim zu dekorieren, Rezepte auszuwählen und die Zutaten für die Weihnachtsbäckerei zu besorgen. Denn in den nächsten Wochen wird es in Ihrer Küche hoch hergehen.

Zum Einstimmen verwöhnen Sie Ihre Freunde nach dem Nebelspaziergang mit ausgefallenen Leckereien wie einer winterlichen Fleischpastete. Die Engadiner Nusstorte schmeckt zur anschließenden Teestunde.

Auf dem Martinsumzug haben Sie für alle Laternenträger was eingepackt: Stutenkerle und Kinderglühwein herzhafte Tartelettes mit Gänserillettes und Äpfeln für die Großen.

Und damit die Lieben in Übersee auch eine Überraschung unterm Weihnachtsbaum finden, verschicken Sie am besten schon jetzt Birnenbrot, Springerle, Stollenkonfekt und Quittensterne als herrlich duftende und köstliche Grüße aus der Heimat.

Nach dem Winterspaziergang

*Wenn sich der Novembernebel über Wald und Wiesen legt,
sind draußen Schal und Mütze angesagt. Warum nicht auch
rustikale Gerichte in den Teigmantel einpacken? Sie schmecken nach
einem Spaziergang durch die Kälte besonders gut.*

Winterliche Fleischpastete

Ergibt 6 Portionen

200 g	Kalbfleisch
200 g	Schweinefleisch
200 g	Hähnchenfleisch
100 g	durchwachsener Speck
100 g	Schinkenwürfel
1	Ei
2 EL	fein gewürfelte Paprikaschote
1½ TL	Salz
½ TL	Pfeffer aus der Mühle
½ TL	geriebene Muskatnuss
1 EL	Olivenöl
2 EL	Cognac
1 EL	gemahlene Gelatine
600 g	Blätterteig (Kühlregal)
1	Eigelb, verrührt

- Für die Fleischfüllung Kalb-, Schweine-, Hähnchenfleisch und Speck durch die grobe Scheibe des Fleischwolfs drehen.
- Masse mit Schinkenwürfeln, Ei und Paprikawürfeln vermengen.
- Mit Salz, Pfeffer und Muskat kräftig würzen. Olivenöl und Cognac dazugeben und alles rasch verkneten.
- Gelatine nach Gebrauchsanweisung auflösen und untermengen. Den Fleischteig nochmals abschmecken und kalt stellen.

- Blätterteig zu einem Rechteck (30 x 40 cm) ausrollen. Davon für die Dekoration der Pastete 6 Streifen à 1,5 cm abschneiden, sodass ein Quadrat (30 x 30 cm) übrigbleibt.
- Dieses in 2 Teile schneiden, dabei den Deckel 1–2 cm breiter lassen.
- Teigboden auf ein kalt abgespültes Backblech legen und Füllung als dicke Rolle in der Mitte auflegen. Leicht flachdrücken. Die freien Teigränder ca. 1 cm breit mit Wasser anfeuchten und hochklappen.
- Teigdeckel auflegen und an den Rändern gut festdrücken. Mit einem Teigrädchen oder Messer glattschneiden. Rand nochmals anfeuchten und mit evtl. zurückgebliebenen Teigresten verstärken.
- Aus den zurückbehaltenen Streifen ein dekoratives Gitter auf der Pastete legen. Den Deckel mehrmals mit einer Gabel einstechen und mit Eigelb bestreichen.
- Im vorgeheizten Backofen bei 220 °C (Umluft 190 °C) etwa 35–40 Min. knusprig braun backen.
- Winterliche Fleischpastete aus dem Backofen nehmen, auskühlen lassen, in Alufolie einwickeln und im Kühlschrank aufbewahren.

TIPP
Die Fleischpastete hält sich bis zu 3 Tage frisch. Dazu passt ein winterlicher Blattsalat.

Laterne ...

Engadiner Nusstorte

Für eine Springform von 26 cm Ø

Für den Teig
- 400 g Mehl
- 250 g kalte Butter, gewürfelt
- 150 g Zucker
- 1 Prise Salz
- 1 Ei

Für die Füllung
- 200 g Zucker
- 150 g Walnusskerne, grob gehackt
- 150 g Pecannusskerne, grob gehackt
- 100 g Sahne
- 3 EL Honig

Zum Bestreichen
- 1 Eigelb
- 1 EL Milch

- ○ Mehl mit Butter, Zucker, Salz und Ei mit dem Knethaken der Küchenmaschine zu einem glatten Teig verarbeiten. In Frischhaltefolie wickeln und mind. 1 Std. kalt stellen.
- ○ Für die Füllung Zucker in einer beschichteten Pfanne bei mittlerer Hitze schmelzen und goldgelb werden lassen. Nüsse zugeben und kurz mitrösten. Mit Sahne ablöschen, Honig unterrühren und kurz aufkochen lassen. Pfanne vom Feuer nehmen.
- ○ Teig halbieren. Eine Hälfte auf der bemehlten Arbeitsfläche zu einem etwa 3 mm dicken Kreis ausrollen. Teig in die gefettete Spring- oder Tarteform legen und einen Rand stehen lassen.
- ○ Nussfüllung auf den Teig geben und glatt streichen, überstehenden Teigrand darauf klappen.
- ○ Übrigen Teig ebenfalls auf der bemehlten Arbeitsfläche zu einem Kreis ausrollen und als Deckel über die Füllung legen. An den Rändern festdrücken und überstehenden Teig abschneiden.
- ○ Teigreste nochmals ausrollen und verschieden große Sterne ausstechen. Auf den Teigdeckel setzen. Eigelb mit Milch verquirlen und die gesamte Oberfläche damit bestreichen.
- ○ Engadiner Nusstorte im vorgeheizten Backofen bei 200 °C (Umluft 180 °C) 30–40 Min. goldbraun backen.

TIPP
Backen Sie die Nusstorte ruhig ein paar Tage im Voraus, dann schmeckt sie noch besser. Dick in Alufolie eingewickelt, hält sie sich – kühl gelagert – einige Wochen.

Laterne …

Auf dem Martinsumzug

Wenn sich der Umzug dem Ende nähert und keiner mehr singen mag, können alle einen Imbiss vertragen. Machen Sie es wie St. Martin und teilen Sie Ihre Leckereien mit Groß und Klein.

Stutenkerle

Ergibt etwa 20 Stück

1	Ei
100 g	Zucker
1	Päckchen Vanillezucker
200 g	Magerquark
6 EL	Milch
8 EL	Rapsöl
	Mark von ½ Vanilleschote
100 g	gemahlene Walnusskerne
300 g	Mehl (Type 1050)
2 TL	Backpulver

Zum Bestreichen

1	Eigelb
2 EL	Milch
	Korinthen

Ausstechform »Stutenkerl« bzw. »Weckmann« (Haushaltswaren)

- ◉ Ei, Zucker und Vanillezucker schaumig rühren. Quark, Milch, Öl und Vanillemark dazugeben und unterrühren.
- ◉ Walnüsse, Mehl und Backpulver mischen und unter die Eier-Quark-Masse kneten.
- ◉ Teig auf einer bemehlten Arbeitsfläche etwa 1 cm dick ausrollen. Stutenkerle mit einer Ausstechform ausstechen.

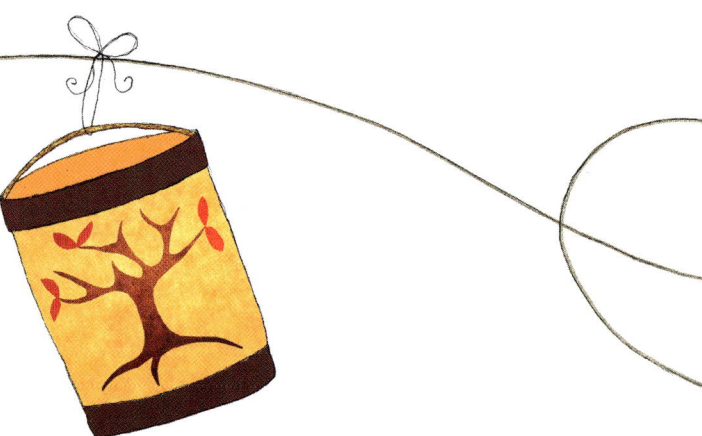

Laterne ...

14

- Eigelb mit Milch verquirlen und die Stutenkerle damit bestreichen. Für die Augen und die Knopfleisten Korinthen leicht in die Teigmännchen drücken.
- Stutenkerle auf ein mit Backpapier ausgelegtes Backblech legen und im vorgeheizten Backofen bei 180 °C (Umluft 160 °C) etwa 20 Min. goldbraun backen. Auf Kuchengittern abkühlen lassen.

TIPP
Falls Sie keine Ausstechform zur Hand haben, können Sie die Stutenkerle auch selbst mit dem Messer schneiden. Teig dazu in 20 Stücke teilen und jeweils zu einem Oval ausrollen. Für die Beine das untere Drittel des Ovals längs einschneiden, Beine leicht auseinander ziehen. Für den Kopf den Teig zwischen oberem und mittlerem Drittel leicht zusammen drücken. Vom mittleren Stück zwei Arme einschneiden.

VERPACKUNGSIDEE
Binden Sie jedem Stutenkerl eine bunte Kordel um den Hals und legen Sie die Teigmännchen in einen hübschen Korb.

Laterne ...

Kinder-Glühwein

Für eine 1,5-Liter-Thermoskanne

Für die Glühwein-Gewürzmischung

5	geöffnete Kardamomkapseln
5	Nelken
5	Pimentkörner
2	Kapseln Sternanis
1	Stange Zimt
½ TL	gemahlener Koriander
½ TL	gemahlener Anis

Für die Saftmischung

2	Beutel Hagebuttentee
	Saft von 1 Zitrone
600 ml	Wasser
750 ml	Schwarzer Johannisbeersaft (Reformhaus)
	Saft von 2 Orangen
	Zucker nach Geschmack
2–3	Scheiben einer unbehandelten Orange

❍ Gewürze in ein Stoffsäckchen füllen. Mit Teebeuteln und Zitronensaft in einen Topf geben und mit kochendem Wasser übergießen. Johannisbeer- und Orangensaft dazugeben, aufkochen lassen und 5 Min. bei geringer Hitze köcheln lassen.

❍ Kinder-Glühwein nach Geschmack süßen und durch ein Sieb in eine Thermoskanne gießen. Orangenscheiben dazugeben und heiß servieren.

TIPP
Wenn's schnell gehen soll, können Sie auch fertiges Glühweingewürz verwenden.

Laterne ...

Tartelettes mit Gänserillettes und Äpfeln

Für 8 Tarteletteformen

300 g	Blätterteig (Kühlregal)
	getrocknete Hülsenfrüchte
400 g	Gänserillettes
	(Metzger oder Feinkostladen)
2–3 EL	Semmelbrösel
2	säuerliche Äpfel (z. B. Boskop), entkernt, in Ringe geschnitten
10	Salbeiblätter, kleingezupft
2 EL	brauner Zucker
	Meersalz
	Pfeffer aus der Mühle
1 EL	weiche Butter

8 Tarteletteformen à 12 cm Ø

- ✪ Blätterteig auftauen lassen, in 8 Stücke teilen und die gefetteten Tarteletteformen damit auslegen. Am Rand leicht andrücken und überstehenden Teig abschneiden.
- ✪ Teigböden mehrmals mit einer Gabel einstechen, mit Backpapier bedecken und mit Hülsenfrüchten beschweren. Im vorgeheizten Backofen bei 200 °C (Umluft 180 °C) etwa 15 Min. vorbacken. Aus dem Ofen nehmen, Hülsenfrüchte und Backpapier entfernen und abkühlen lassen.
- ✪ Rillettes im Wasserbad weich werden lassen. Semmelbrösel auf die Tarletteböden streuen, weiche Rillettes darauf verstreichen und mit dem Salbei belegen. Apfelscheiben gleichmäßig auf die Tartelettes verteilen, mit Zucker, Salz und Pfeffer würzen, Butterflöckchen darauf verteilen.
- ✪ Tartelettes mit Gänserillettes und Äpfeln im Backofen 25–30 Min. backen. Aus dem Ofen nehmen und auskühlen lassen.

VERPACKUNGSIDEE
Tartelettes in ein Weidenkörbchen legen und mit einem karierten Tuch abdecken.

Konstanze
NewYork

Abs.: Familie
Deutschland

OnkelFerdinand
Neuseeland

Abs.: Nina
Deutschland

Tante Serafine
❀Afrika❀

Abs.: Familie
Deutschland

OnkelSchellhase
Osterinseln

Weihnachtsgrüße nach Übersee

Die Tante in Südafrika und der Sohn zum Schüleraustausch in England?
Dann packen Sie die Weihnachtspäckchen voller Köstlichkeiten,
die auf dem langen Postweg erst richtig ihr Aroma entfalten.
Das schmeckt nach zu Hause …

Springerle
Ergibt etwa 50 Stück

3	Eier	1	Prise Salz
300 g	Puderzucker	1 TL	gemahlener Anis
1 EL	Kirschwasser	400 g	Mehl

Holz- oder Tonmodeln (Weihnachtsmarkt)

- ⊙ Eier und Puderzucker etwa 10 Min. cremig aufschlagen. Kirschwasser, Salz und Anis zugeben und das gesiebte Mehl untermischen. Teig zu einer Kugel formen, in Frischhaltefolie wickeln und über Nacht kühlen.
- ⊙ Teig 1 cm dick ausrollen. Modeln auflegen und Teig rundherum abschneiden. Modeln umdrehen und Teigstücke mit der Hand vorsichtig in die Modeln pressen. Teig lösen und Ränder begradigen. Klebt der Teig, Modeln leicht mit Mehl bestäuben.
- ⊙ Springerle auf ein gefettetes Backblech legen und bei Zimmertemperatur 24 Std. trocknen lassen, damit sich die typischen Füßchen bilden.
- ⊙ Im vorgeheizten Backofen bei 160 °C (Umluft 140 °C) etwa 15 Min. backen. Ober- und Unterseite sollten hell bleiben.
- ⊙ Springerle in eine Blechdose legen und 3–4 Tage ohne Deckel stehen lassen. Wenn das Gebäck weich geworden ist, Dosen verschließen und Springerle bis zum Verzehr 2–3 Wochen ruhen lassen.

VERPACKUNGSIDEE
Verpacken Sie die Springerle einzeln in Cellophantütchen und binden rotes Satinband darum.

Laterne …

Birnenbrot

Ergibt 3 Brote à 500 g

Für die Füllung
- 200 g getrocknete Birnenhälften (Reformhaus)
- 150 g getrocknete Feigen
- 50 g Orangeat
- 1 EL Rosinen
- 100 g ganze Haselnusskerne
- 1 TL gemahlener Zimt
- ½ TL gemahlene Nelken
- 1 TL abgeriebene Schale einer unbehandelten Orange
- 2 EL Rum
- 110 g Zuckerrübensirup

Für den Teig
- 500 g Mehl
- 1 Würfel frische Hefe
- 200 ml lauwarme Milch
- 1 EL Zucker
- 2 Eigelb
- 60 g weiche Butter
- 1 Prise Salz

Zum Bestreichen
- 1 Eigelb
- 1 EL Milch

- Birnenhälften in etwas Wasser 5 Min. weich kochen und abtropfen lassen. Zusammen mit den Feigen fein würfeln.
- Übrige Zutaten der Füllung untermischen und zugedeckt über Nacht bei Zimmertemperatur ziehen lassen.
- Für den Teig Mehl in eine Schüssel geben und in die Mitte eine Mulde drücken. Hefe in der lauwarmen Milch auflösen, Zucker hinzufügen und in die Mulde gießen. Zugedeckt an einem warmen Ort 10 Min. gehen lassen.

- Eigelb, Butter und Salz zugeben und mit dem Knethaken der Küchenmaschine zu einem glatten Teig verarbeiten. Zugedeckt weitere 30 Min. gehen lassen.
- Füllung mit der Hälfte des Teigs verkneten und in 3 gleiche Portionen teilen.
- Restlichen Teig dritteln und jedes Stück auf der bemehlten Arbeitsfläche dünn zu einem Rechteck (20 x 25 cm) ausrollen. Je eine Portion der Frucht-Teig-Mischung auf ein Teigstück geben und zu einem länglichen Brot formen. Teigplatte um die Frucht-masse wickeln und gut verschließen. Birnenbrote mit der Naht nach unten auf ein mit Backpapier ausgelegtes Backblech legen, dabei die Enden unten einschlagen. Nochmals 30 Min. gehen lassen.
- Eigelb mit Milch verquirlen und die Brote damit bestreichen.
- Birnenbrote mit der Gabel vorsichtig einstechen und im vor-geheizten Backofen bei 180 °C (Umluft 160 °C) etwa 40 Min. gold-braun backen. Abkühlen lassen und fest in Alufolie einwickeln. Vor dem Verzehr mind. 5 Tage kühl und trocken lagern.

Stollenkonfekt

Ergibt etwa 40 Stück

1	Würfel frische Hefe
125 ml	lauwarme Milch
1	Päckchen Vanillezucker
750 g	Mehl
100 g	Sukkade, fein gehackt (alternativ Zitronat)
100 g	Orangeat, fein gehackt
100 g	gehackte Walnusskerne
100 g	Rosinen
150 g	Zucker
	Salz
250 g	weiche Butter
1 Msp.	gemahlener Zimt
1	Ei

Für die Dekoration

50 g	zerlassene Butter
5 EL	Puderzucker

- Hefe zerbröckeln und in der Milch auflösen. Vanillezucker unterrühren und 10 Min. stehen lassen.
- Übrige Zutaten in eine Schüssel geben, Hefemilch darüber gießen und mit dem Knethaken zu einem geschmeidigen Teig verarbeiten. Mit den Händen gut durchkneten und zugedeckt an einem warmen Ort etwa 1,5 Std. gehen lassen.
- Teig auf einer bemehlten Arbeitsfläche etwa 3 cm dick zu einem Rechteck ausrollen. 5 cm große Quadrate schneiden und jeweils diagonal halbieren, so dass Dreiecke entstehen.
- Stollenkonfekt auf mit Backpapier ausgelegte Backbleche legen, dabei mind. 4 cm Abstand lassen. Weitere 45 Min. zugedeckt gehen lassen.
- Im vorgeheizten Backofen bei 180 °C (Umluft 160 °C) etwa 30 Min. hellbraun backen.
- Konfekt aus dem Ofen nehmen und sofort mit flüssiger Butter bestreichen. In Puderzucker wälzen und abkühlen lassen. Stollenkonfekt erneut mit Puderzucker bestäuben und in Blechdosen aufbewahren.

Quittensterne

Ergibt etwa 50 Stück

2 kg	Quitten
100 ml	Wasser
100 g	Brombeeren (alternativ 100 ml Schwarzer Johannisbeersaft)
	Zucker
	Saft von 1 Zitrone

Für die Dekoration
  Hagelzucker

- Quitten mit einem Tuch abreiben und Stiele entfernen. Früchte mitsamt Schale und Kerngehäuse in große Stücke schneiden.
- In einen großen Topf geben und mit Wasser und Brombeeren (oder Saft) etwa 1 Std. weich kochen. Vom Feuer nehmen und über Nacht ziehen lassen.
- Quitten durch ein feines Sieb, eine Lotte oder einen Fleischwolf passieren. Fruchtmasse abwiegen und mit der gleichen Menge Zucker in einen Topf geben. Zitronensaft zugeben und bei mittlerer Hitze 40–50 Min. unter ständigem Rühren zu einem dicken Brei kochen, bis sich die Masse vom Topfboden löst.
- Ein Brett oder Backblech mit Alufolie überziehen und Paste etwa 1 cm dick aufstreichen. Bei Zimmertemperatur mind. 1 Woche trocknen lassen, bis die Masse nicht mehr klebt.
- Aus der Paste Sterne ausstechen und in Hagelzucker wenden. Quittensterne kühl und trocken lagern.

VERPACKUNGSIDEE
Packen Sie die Quittensterne einzeln in Cellophanpapier und drehen Sie das Papier an den Enden zu einem Bonbon. Schichten Sie die kleinen Päckchen in eine Blechdose und binden ein weihnachtliches Band darum.

Laterne …

23

Advent, Advent

... ein Lichtlein brennt. Wenn man in diesen Tagen durch die Straßen geht, blinkt und leuchtet es ganz weihnachtlich aus Fenstern und Vorgärten. Die Vorfreude auf das Weihnachtsfest ist überall zu spüren.

Und dann ist es endlich soweit: Am 1. Dezember darf das erste Türchen am Adventskalender geöffnet werden! Überraschen Sie Ihre Lieben mit einem selbstgemachten süßen Kalender, bei dem jedes Päckchen ein Genuss ist.

Spätestens zum 1. Advent müssen auch die ersten Plätzchen auf den Teller. Zur Plätzchenolympiade laufen Sie mit Klassikern wie Zimtsternen oder Florentinern und modernen Kreationen wie Macadamiaknöpfen zur Höchstform auf.

Am 4. Dezember warten Sie zum Heiligen Barbaratag ganz traditionell mit fruchtigen Spezialitäten wie Pflaumen-Mandel-Elixier oder feinen Fruchtschnitten auf. Und die lieben Tanten überraschen Sie mit kleinen, feinen Maronentörtchen oder Honigkuchen-Petits-Fours zum Adventstee.

Auch für die netten Kollegen haben Sie beim traditionellen Wichteln ein kulinarisches Präsent parat: Ob Feigenchutney oder Würzige Schokoladendukaten – für jeden ist etwas dabei.

Adventskalender basteln

*Was ist schöner, als einen selbstgemachten Adventskalender
zu verschenken? Wenn dann auch noch alle 24 Päckchen so köstlich
schmecken, werden Ihre Liebsten ganz verzückt sein!*

Süßer Adventskalender

Für eine Springform von 26 cm ⌀

Für den Teig
3	Eigelb
100 g	Zucker
2 EL	warmes Wasser
3	Eiweiß
60 g	Mehl
60 g	Speisestärke
2 TL	Backpulver

Für die Füllung
4 EL	Amaretto
5 EL	Aprikosenkonfitüre, durchs Sieb gestrichen

Für die Dekoration
500 g	Rollfondant (Konditoreibedarf, Internet)
1 EL	Kakaopulver

○ Für den Teig Eigelb mit 80 g Zucker und Wasser mit der Küchenmaschine hell und cremig aufschlagen.

○ Eiweiß mit restlichem Zucker sehr steif schlagen und auf die Eigelbmasse geben. Mehl, Speisestärke und Backpulver mischen und über den Eischnee sieben. Mit einem Holzlöffel vorsichtig zu einer homogenen Masse vermischen.

○ Teig in eine nur am Boden mit Backpapier ausgelegte Springform füllen und im vorgeheizten Backofen bei 200 °C (Umluft 180 °C) 25 Min. backen. Abkühlen lassen, aus der Form nehmen und Backpapier entfernen.

○ Wenn der Biskuit vollständig ausgekühlt ist, mit einem scharfen Messer einmal quer durchschneiden. Untere Hälfte mit Amaretto

beträufeln und mit Aprikosenkonfitüre bestreichen. Deckel aufsetzen und Biskuit in 25 gleich große Würfel schneiden. Runde Ränder dabei wegschneiden. Würfel nochmals mit Konfitüre bestreichen und trocknen lassen.

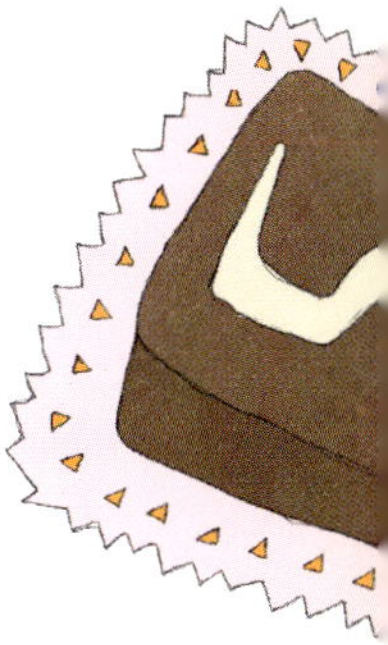

- Rollfondant mit den Händen kneten. Die Hälfte mit Kakaopulver dunkelbraun färben. Fondant portionsweise zwischen Folie 2 mm dünn ausrollen. Übrigen Fondant immer in einem Gefrierbeutel aufbewahren, damit er nicht austrocknet.
- Quadrate von 12 x 12 cm zuschneiden, Ecken herausschneiden und Kuchenwürfel mit dem Fondant überziehen, 12 mit weißem, 13 mit dunklem Fondant. An den Seiten leicht zusammendrücken.
- Aus den Fondantresten Zahlen von 1–24 kneten und diese auf die Würfel setzen, dabei die weißen Zahlen auf die dunklen Würfel und umgekehrt. Für den 25. Würfel einen kleinen Stern ausstechen und darauf setzen.
- Arrangieren Sie den Süßen Adventskalender auf einem Silbertablett und packen es mit transparenter Geschenkfolie ein.

TIPP
Statt Rollfondant können Sie auch Marzipanrohmasse verwenden. Diese mit 1–2 EL Puderzucker verkneten und zwischen Folie ausrollen. Die kleinen »Päckchen« sehen auch bunt sehr hübsch aus. Färben Sie dafür einfach den Fondant bzw. das Marzipan mit Lebensmittelfarbe ein.

Plätzchenolympiade mit Freunden

*Auf die Plätzchen, fertig, los! Wenn Freunde zur Plätzchen-
olympiade laden, sind Sie natürlich mit von der Partie.
Mit einer Mischung aus traditionellen und modernen Rezepten
liegen Sie dabei ganz weit vorne.*

Florentiner

Ergibt etwa 60 Stück

250 g	Sahne
1	Vanilleschote
50 g	Butter
200 g	Zucker
200 g	Mandelblättchen

50 g	Sukkade (alternativ Zitronat)
50 g	Orangeat
50 g	Belegkirschen, gewürfelt
50 g	Mehl

Für die Dekoration
60 Belegkirschen
100 g dunkle Schokolade (70%)

- Sahne mit aufgeschnittener Vanilleschote, Butter und Zucker unter Rühren einmal aufkochen, vom Herd nehmen, Vanilleschote entfernen und Mischung erkalten lassen.
- Mandelblättchen, Sukkade, Orangeat und Kirschen mit Mehl mischen und zur Sahne geben. Mit einem Löffel kleine Kreise (3–4 cm Durchmesser) auf ein mit Backpapier ausgelegtes Backblech setzen und mit je einer Kirsche belegen. Im vorgeheizten Backofen bei 170 °C (Umluft 150 °C) goldbraun backen. Aus dem Ofen nehmen und abkühlen lassen.
- Schokolade im Wasserbad (siehe S. 53) bei 40 °C schmelzen und Unterseite der Florentiner damit bepinseln. Vor dem vollständigen Erkalten mit einer Gabel feine Rillen ziehen.
- Florentiner trocknen lassen und luftdicht verpackt in Blechdosen lagern.

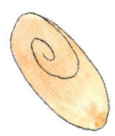

Ingwer–Sablés

Ergibt etwa 70 Stück

125 g	weiche Butter
150 g	Zucker
1	Prise Salz
4	Eier
250 g	Zartbitterkuvertüre, fein gerieben
200 g	Haselnusskerne, gemahlen
200 g	Rosinen
125 g	kandierter Ingwer, gehackt
½ TL	gemahlener Ingwer
125 g	Mehl
125 g	Weizenvollkornmehl

Für den Guss

50 g	Zartbitterkuvertüre
50 g	weiße Kuvertüre

Für die Dekoration

50 g	kandierter Ingwer, in feine Streifen geschnitten

- ☙ Butter, Zucker und Salz schaumig rühren, Eier einzeln unterrühren und etwa 5 Min. weiterrühren.
- ☙ Kuvertüre, Haselnüsse, Rosinen und Ingwer unterheben, Mehl darüber sieben und alles zu einem geschmeidigen Teig verkneten.
- ☙ Masse auf ein gefettetes Backblech streichen und im vorgeheizten Backofen bei 175 °C (Umluft 150 °C) 25–30 Min. backen.
- ☙ Blech aus dem Ofen nehmen und Sablés noch warm zuerst in 4 cm große Quadrate schneiden, diese dann schräg zu Dreiecken halbieren. Vollständig auskühlen lassen, vorsichtig vom Blech lösen und Dreiecke auf Alufolie legen.
- ☙ Kuvertüre getrennt im Wasserbad (siehe S. 53) schmelzen. Jeweils in Gefrierbeutel füllen, eine Ecke knapp abschneiden, so dass ein kleines Loch entsteht. Dunkle und weiße Kuvertüre in feinen Streifen über die Dreiecke spritzen, mit Ingwerstreifen dekorieren und erkalten lassen.
- ☙ Ingwer-Sablés in Blechdosen aufbewahren, dabei Alufolie als Trennpapier verwenden.

Spitzbuben mit Hagebuttenmus

Ergibt etwa 65 Stück

200 g	weiche Butter
125 g	Puderzucker
1	Eiweiß
1 TL	Zitronensaft
1	Prise Salz
350 g	Mehl

Für die Füllung
150 g Hagebuttenmus (frisch vom Markt;
        alternativ aus dem Reformhaus)

Für die Dekoration
        Puderzucker

- ✪ Butter schaumig rühren, Puderzucker darüber sieben und 3 Min. weiter rühren. Eiweiß, Zitronensaft, Salz und Mehl zugeben und alles zu einem geschmeidigen Teig kneten. Zu einer Kugel formen und in Frischhaltefolie gewickelt mind. 1 Std. kühlen.
- ✪ Teig auf der bemehlten Arbeitsfläche 2 mm dick ausrollen und mit einem Plätzchenausstecher Kreise von 3 cm Durchmesser ausstechen. Für die Deckel in die Hälfte der Kreise jeweils in der Mitte z. B. mit einem Fingerhut ein Loch stechen.
- ✪ Kreise auf mit Backpapier ausgelegte Backbleche legen und im vorgeheizten Backofen bei 200 °C (Umluft 180 °C) 6–8 Min. hellbraun backen. Aus dem Ofen nehmen und abkühlen lassen.
- ✪ Ungelochte Kreise mit je ½ TL Hagebuttenmus bestreichen und einen Deckel darauf setzen. Spitzbuben in einer mit Alufolie ausgelegten Blechdose aufbewahren.

TIPP
Für die Füllung eignet sich auch schwarzes und rotes Johannisbeergelee oder durch ein Sieb gestrichene Aprikosenkonfitüre.

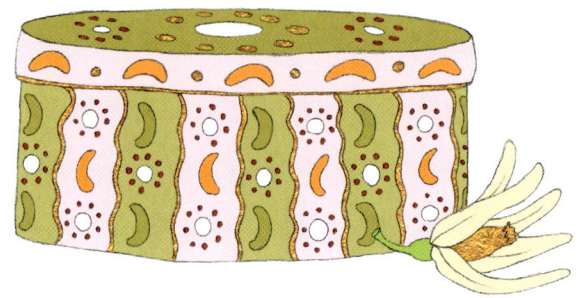

Vanillekipferl

Ergibt etwa 60 Stück

260 g	Mehl
1	Eigelb
1	Prise Salz
	Mark einer Vanilleschote
80 g	Puderzucker
100 g	Mandeln, gemahlen
200 g	kalte Butter, gewürfelt

Für die Dekoration

2–3	Päckchen Vanillezucker

- Mehl in eine Schüssel sieben und mit übrigen Zutaten zu einem geschmeidigen Teig kneten. Zu etwa 3 cm dicken Rollen formen, in Folie wickeln und mind. 1 Std. kühlen.
- Rollen in ½ cm dicke Scheiben schneiden und mit den Händen zu Kipferln formen. Im vorgeheizten Backofen bei 180 °C (Umluft 160 °C) 10–15 Min. golden backen. Vanillekipferl noch warm in Vanillezucker wälzen und in mit Alufolie ausgelegten Blechdosen aufbewahren.

TIPP

Für köstliche Nougatkipferl mischen Sie 100 g Nougatmasse unter den Teig und tunken die Kipferl-Enden nach dem Backen in geschmolzene dunkle Schokolade.

Zimtsterne

Ergibt etwa 50 Stück

3	Eiweiß
1	Prise Salz
250 g	Puderzucker, gesiebt
2 TL	gemahlener Zimt
1 TL	abgeriebene Schale einer unbehandelten Zitrone
300 g	ungeschälte Mandeln, gemahlen

Zum Ausrollen
  Puderzucker

- Eiweiß mit Salz steif schlagen. Puderzucker dabei nach und nach einrieseln lassen. Zum Bestreichen 8 EL Eischnee in einen Gefrierbeutel füllen und beiseite legen.
- Zimt, Zitronenschale und Mandeln mischen und mit einem Holzlöffel unter den übrigen Eischnee heben. Falls die Masse zu flüssig ist, noch mehr gemahlene Mandeln unterheben. Teig 15 Min. ruhen lassen.
- Arbeitsfläche mit Puderzucker bestäuben und Teig etwa 0,5 cm dick ausrollen. Zum Ausrollen einen Gefrierbeutel auf den Teig legen, damit er nicht an der Teigrolle klebt. Mit Plätzchenform (Durchmesser 3–5 cm) Sterne ausstechen, Ausstecher dabei immer wieder in Mehl tauchen. Vorgang wiederholen, bis der Teig aufgebraucht ist.
- Sterne auf mit Backpapier ausgelegte Backbleche setzen. Gefrierbeutel an einer Ecke abschneiden, Eischnee auf die Sterne spritzen. Eine halbe Stunde ruhen lassen.
- Im vorgeheizten Backofen bei 150 °C (Umluft 130 °C) etwa 15 Min. hell backen. Zimtsterne auskühlen lassen und in mit Alufolie ausgelegten Blechdosen kühl und trocken lagern.

Macadamiaknöpfe

Ergibt etwa 80 Stück

100 g	dunkle Schokolade (70%)	70 g	ungesalzene Macadamia-
125 g	Butter		nusskerne, gehackt
100 g	Zucker	130 g	ungesalzene ganze
2	Eigelb		Macadamianusskerne
250 g	Mehl	1	Eiweiß
1 TL	Backpulver		

- ☺ Schokolade im Wasserbad bei 40 °C schmelzen, vom Herd nehmen und unter Rühren abkühlen lassen.
- ☺ Butter mit Zucker schaumig schlagen, flüssige Schokolade und Eigelb unterrühren. Mehl, Backpulver und gehackte Macadamia-Nüsse zugeben und zu einem geschmeidigen Teig kneten. In Folie wickeln und mind. 1 Std. kühl stellen.
- ☺ Teig mit den Händen zu haselnussgroßen Kugeln formen, Macadamianüsse halbieren und je eine Nusshälfte auf eine Kugel setzen. Mit Eiweiß bestreichen. Macadamiaknöpfe im vorgeheizten Backofen bei 180 °C (Umluft 160 °C) 10–15 Min. backen, abkühlen lassen und in Blechdosen aufbewahren.

Amaretti

Ergibt etwa 50 Stück

200 g	geschälte, gemahlene Mandeln		Für die Dekoration
200 g	Zucker	1	Eiweiß
2	Eiweiß	3 EL	Hagelzucker
1 TL	Bittermandel-Aroma		

- ☺ Mandeln und Zucker mit dem Pürierstab oder Multi-Zerkleinerer sehr fein mahlen. Eiweiß mit dem Schneebesen leicht anschlagen, Mandelmischung und Aroma nach und nach zugeben, bis ein fester Teig entsteht.
- ☺ Mit 2 Teelöffeln kleine Häufchen auf die mit Backpapier ausgelegten Backbleche setzen und mit verquirltem Eiweiß bestreichen. Hagelzucker auf die Plätzchen streuen.
- ☺ Amaretti im vorgeheizten Backofen bei 150 °C (Umluft 130 °C) etwa 25 Min. backen, abkühlen lassen und in Blechdosen aufbewahren.

Kokosküsse

Ergibt etwa 40 Stück

2 Eiweiß	**Für die Füllung**
100 g Zucker	100 g Kirschkonfitüre
1 Päckchen Vanillezucker	
125 g Kokosraspeln	
1 EL Speisestärke	

- Eiweiß steif schlagen, dabei Zucker und Vanillezucker einrieseln lassen. 4–5 Min. weiterschlagen, bis sich der Zucker gelöst hat.
- 2 EL Kokosraspeln abnehmen und beiseite stellen. Restliche Kokosraspel und Stärke mischen und unter den Eischnee heben.
- Masse in einen Spritzbeutel mit mittlerer Lochtülle füllen und etwa 80 kleine Häufchen auf die mit Backpapier ausgelegten Bleche spritzen. Mit Kokosraspeln bestreuen.
- Im vorgeheizten Backofen bei 150 °C (Umluft 130 °C) 15–20 Min. backen. Bleche aus dem Ofen nehmen und auskühlen lassen.
- Konfitüre glatt rühren und die Hälfte der Kokosküsse auf der Unterseite damit bestreichen. Je eine zweite Makrone mit der Unterseite vorsichtig darauf setzen. Kokosküsse in Blechdosen aufbewahren und bald verzehren.

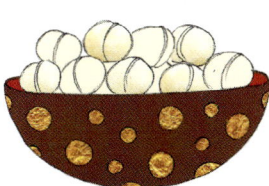

Advent, Advent

Zum Heiligen Barbaratag

*Wenn man nach dem Brauch am 4. Dezember Zweige von Kirsch-
und anderen Obstbäumen in die Vase stellt, stehen sie mit ein
bisschen Glück an Heiligabend in voller Blüte. Wie wär's daher
mit fruchtigen Überraschungen zum Barbaratag?*

Barbarakonfekt

Ergibt etwa 30 Stück

50 g	dunkle Schokolade (70%)
1 EL	Saft einer Bitterorange
1	Ei
120 g	Zucker
1 EL	Orangenlikör
150 g	geschälte Mandeln, gemahlen
50 g	geschälte Mandeln, gehackt

Für die Dekoration

50 g Orangeat, fein gewürfelt

- Schokolade mit Orangensaft im Wasserbad schmelzen.
  Vom Feuer nehmen und unter Rühren abkühlen lassen.
- Ei mit Zucker schaumig rühren. Abgekühlte, noch flüssige
  Schokolade und Orangenlikör unterrühren, Mandeln zufügen
  und alles gut verkneten.
- Mit feuchten Händen haselnussgroße Kugeln formen. Barbara-
  konfekt in Orangeat wälzen, in Pralinenkapseln aus Papier setzen
  und an einem kühlen Ort aufbewahren.

Pflaumen-Mandel-Elixier

Für eine 1-Liter-Thermoskanne

4 EL	geschälte Mandeln
600 ml	trockener Rotwein
4 EL	Pflaumenmus
	abgeriebene Schale von 1 unbehandelten Orange
4 EL	Pflaumenbrand
4 EL	Vanillesirup

- ☯ Mandeln in einer beschichteten Pfanne ohne Fett rösten. Rotwein zugeben und langsam erhitzen, nicht kochen.
- ☯ Pflaumenmus, Orangenschale, Pflaumenbrand und Sirup unterrühren. Pflaumen-Mandel-Elixier heiß servieren.

TRANSPORTIDEE
Füllen Sie das fertige Getränk sofort in eine Thermoskanne.

Bratapfeltarte mit gebrannten Mandeln

Für eine feuerfeste Form von 26 cm Durchmesser

Für den Teig
- 150 g Mehl
- 50 g Zucker
- 100 g kalte Butter, gewürfelt
- 1 Ei
- 1 Prise Salz

Für den Belag
- 4 Äpfel (säuerliche, z. B. Boskop)
- 5 EL Zucker
- 2 EL Butter
- 75 g Mandeln

Für die Dekoration
- 1 EL Zucker

- ❂ Mehl mit Zucker, Butter, Ei und Salz mit dem Knethaken der Küchenmaschine zu einem geschmeidigen Teig kneten. Zu einer Kugel formen und in Folie gewickelt etwa 30 Min. kühlen.
- ❂ Für den Belag Äpfel schälen und Kerngehäuse mit einem Apfelausstecher entfernen. Äpfel quer halbieren.
- ❂ Zucker in die Form streuen und auf dem Feuer bei mittlerer Hitze karamellisieren. Butter darin schmelzen und Mandeln unterrühren.
- ❂ Apfelhälften mit der Schnittfläche nach oben auf die karamellisierten Mandeln setzen und bei mittlerer Hitze 10 Min. dünsten. 10–15 Min. erkalten lassen.
- ❂ Teig auf der bemehlten Arbeitsfläche zu einem Kreis (etwa 26 cm Durchmesser) ausrollen und über die Äpfel legen. Überstehenden Rand nach unten drücken.
- ❂ Tarte im vorgeheizten Backofen bei 175 °C (Umluft 150 °C) 30–35 Min. goldbraun backen. Aus dem Ofen nehmen und mind. 5 Min. abkühlen lassen, bis der Karamell nicht mehr flüssig ist.
- ❂ Eine Tortenplatte auf die Form legen, fest andrücken und Tarte schnell umdrehen. Form vorsichtig lösen und Äpfel mit Zucker bestreuen.
- ❂ Bratapfeltarte lauwarm oder kalt servieren.

TIPP
Besonders lecker schmeckt die Bratapfeltarte mit Vanilleeis oder frisch geschlagener Sahne.

TRANSPORTIDEE
Tarte in der Form transportieren und erst vor Ort stürzen.

Fruchtschnitten

Ergibt etwa 16 Stück

300 g	gemischte Trockenfrüchte (z. B. Apfelringe, Aprikosen, Pflaumen, Rosinen, Cranberries)
2 EL	Honig
½ TL	Zimt
	abgeriebene Schale von 2 unbehandelten Orangen
50 g	Walnusskerne, gehackt
	Saft von 1 Orange
4	Oblaten (ca. 12 x 20 cm)

- ♥ Früchte klein schneiden, Honig, Zimt, Orangenschale und Nüsse zugeben und mit dem Pürierstab zerkleinern. Orangensaft untermischen und alles zu einer streichfähigen Masse verrühren. Falls die Fruchtmischung zu fest ist, mehr Orangensaft zugeben.
- ♥ Masse teilen und gleichmäßig auf 2 Oblaten verstreichen. Mit übrigen Oblaten bedecken, mit einem Holzbrett beschweren und 1 Tag ruhen lassen.
- ♥ Zu länglichen Fruchtschnitten schneiden und in einer Blechdose aufbewahren.

VERPACKUNGSIDEE
Packen Sie die Fruchtschnitten einzeln in kleine Cellophantütchen und binden eine hübsche Schleife darum.

Adventstee bei Tante Frieda

Diese Einladung können Sie einfach nicht abschlagen!
Wenn Sie die Damenrunde dann noch mit solch exklusiven Naschereien
überraschen, dürfen Sie die Tanten sicher jederzeit wieder besuchen.

Teemischung Adventszauber

Ergibt 250 g Teemischung

200 g	loser Rooibostee (Rotbuschtee)
1	Stange Zimt, in Stücke gebrochen
1 EL	ganze Nelken
1 EL	Kardamomblüten
1	Vanilleschote, in Stücke geschnitten
1 TL	Lebkuchengewürz

 Tee mit Gewürzen mischen und in eine hübsche Teedose füllen.

TIPP
Pro Tasse 1 TL Tee in ein Tee-Ei oder einen Papierteebeutel füllen, mit
kochendem Wasser übergießen und 6–8 Min. ziehen lassen.

VERPACKUNGSIDEE
Verpacken Sie die Teedose mit transparenter Folie und binden mit Geschenkband eine Tee-Ei-Zange oder ein dekoratives Tee-Ei darum fest.

Maronentörtchen

Ergibt etwa 24 Stück

Für den Teig
- 200 g Mehl
- 100 g kalte Butter, gewürfelt
- 4 EL kaltes Wasser
- 1 Prise Salz

Für die Füllung
- 2 Eier
- 80 g Zucker
-   Mark einer Vanilleschote
- 75 g Mandeln, gemahlen
- 50 g Haselnusskerne, gemahlen
- 3–4 EL Kastanienpüree, gesüßt (Feinkostladen)
- 1 EL Rum
- 1 Msp. Backpulver

Mini-Muffin-Backblech (für 24 Stück)

- Mehl mit Butter vermischen, Wasser und Salz zufügen und mit dem Knethaken der Küchenmaschine zu einem glatten Teig verarbeiten. In Folie wickeln und mind. 2 Std. kühlen. 10 Min. vor der Weiterverarbeitung aus dem Kühlschrank nehmen.
- Für die Füllung Eier mit Zucker schaumig schlagen, Vanillemark zugeben und weiterschlagen, bis eine cremige, dickliche Masse entsteht. Nach und nach übrige Zutaten untermischen.
- Teig auf der bemehlten Arbeitsfläche dünn ausrollen. Mit einem Glas Kreise von 5 cm ausstechen und die gefetteten Muffin-Mulden damit auslegen, am Rand leicht andrücken.
- Maronenmasse auf den Teig geben und im vorgeheizten Backofen bei 160 °C (Umluft 140 °C) 30 Min. backen. Maronentörtchen aus dem Ofen nehmen, auskühlen lassen und vorsichtig aus den Formen lösen.

TIPP

Statt 24 kleiner Törtchen können Sie auch 6–8 Tartelettes aus den Zutaten backen.

VERPACKUNGSIDEE

Arrangieren Sie die Maronentörtchen in einer Tarteform aus Porzellan, die Sie mit Tortenspitzen ausgelegt haben. Mit Folie abdecken.

Petits Fours aus Honigkuchen

Ergibt etwa 25 Stück

1	Honigkuchen (300 g), in Scheiben (Reformhaus)
200 g	Marzipanrohmasse
80 g	schwarze Johannisbeerkonfitüre
400 g	dunkle Schokoladenkuvertüre

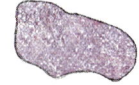

Für die Dekoration
     kandierte Veilchen
     kandierte Rosenblätter

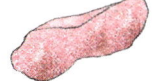

     Mini-Muffinförmchen aus Papier
     Pralinengabel

- Kuchenscheiben vierteln, äußere Ränder nicht verwenden.
- Marzipanrohmasse zwischen Frischhaltefolie zu einer großen Platte ausrollen. In Größe der Kuchenstückchen zu etwa 75 Quadraten schneiden.
- Konfitüre durch ein Sieb streichen. Alle Kuchenquadrate auf einer Seite damit bestreichen.
- 50 Kuchenstückchen mit Marzipan belegen. Je 2 Stück davon aufeinander setzen und mit den restlichen Kuchenvierteln abdecken, dabei die mit Konfitüre bestrichenen Seiten jeweils auf das Marzipan setzen.
- Kuvertüre im Wasserbad (siehe S. 53) schmelzen. Petits Fours mit Hilfe einer Pralinengabel in die Kuvertüre tauchen, kurz abtropfen und auf ein Kuchen- oder Pralinengitter setzen, Alufolie unter das Gitter legen.
- Bevor die Schokolade fest ist, mit kandierten Veilchen und Rosenblättern verzieren.
- Petits Fours aus Honigkuchen in Mini-Muffinförmchen aus Papier setzen.

VERPACKUNGSIDEE
Setzen Sie die Petits Fours in eine flache Tortenschachtel aus Karton oder in eine hübsche Blechdose.

Wichteln mit Kollegen

*Womit können Sie wohl Herrn Keller aus der Buchhaltung
oder Frau Hanke vom Empfang eine Freude machen?
Mit diesen Wichtelgeschenken liegen Sie bei allen Kollegen
sicher goldrichtig.*

Feigenchutney

Ergibt 2 Gläser à 400 ml

1 EL	Distelöl	2 EL	Weißweinessig
20 g	frischer Ingwer, gehackt	250 ml	trockener Rotwein
1	Knoblauchzehe, gehackt	70 g	Zucker
1	Kapsel Sternanis	8	frische Feigen, geschält und gewürfelt
2	Kardamomkapseln, zerdrückt		Salz
300 g	Zwiebeln, gehackt		Pfeffer aus der Mühle
80 g	getrocknete Aprikosen, gewürfelt		

- ↻ Öl in einem Topf erhitzen. Ingwer, Knoblauch, Sternanis und Kardamom darin andünsten. Zwiebeln und Aprikosen zugeben und etwa 3 Min. mitgaren. Essig, Wein und Zucker hinzufügen und unter Rühren etwa 15 Min. einkochen lassen.
- ↻ Feigen zugeben und weitere 3 Min. mitkochen. Chutney abkühlen lassen und mit Salz und Pfeffer würzen.
- ↻ Feigenchutney sofort in heiß ausgespülte Gläser füllen und diese mit Schraubdeckel verschließen.

TIPP
Das Chutney ist im Kühlschrank etwa 2 Wochen haltbar.

VERPACKUNGSIDEE
Binden Sie mit einem hübschen Geschenkband einen kleinen »Beipackzettel« um den Deckel mit der Aufschrift »Feigenchutney mit Ingwer und Anis, schmeckt vorzüglich zu Fleisch und Käse«.

Rosinen-Rumkugeln

Ergibt etwa 25 Stück

50 g	weiche Butter
175 g	dunkle Schokolade (70 %), fein gerieben
2 EL	Rum
2 EL	Rosinen

Für die Dekoration
        Schokoladenstreusel
        gehackte Pistazien- und Mandelkerne

Pralinenförmchen aus Papier

- Butter schaumig rühren. Schokolade, Rum und Rosinen untermischen und gut verkneten.
- Mit feuchten Händen zu kleinen Kugeln rollen. Die Rosinen-Rumkugeln in Schokoladenstreusel, Pistazien oder Mandeln wälzen und in Pralinenförmchen setzen. Bis zum Verzehr kühl lagern.

VERPACKUNGSIDEE
Setzen Sie die Rosinen-Rumkugeln in eine hübsche, mit buntem Seiden-papier ausgelegte (Pralinen-)Schachtel und binden diese mit Geschenk-band zu.

Würzige Schokoladendukaten

Ergibt etwa 30 Stück

350 g   dunkle Schokolade (70%), grob gehackt

Für die Dekoration
  Pfeffer aus der Mühle
2 EL   roter Pfeffer (Rosa Beeren)
20 g   kandierter Ingwer, in feine Streifen geschnitten
  abgeriebene Schale von 1 unbehandelten Limette
  Fleur de Sel
  gemahlener Koriander

- 250 g Schokolade im Wasserbad bei 40 °C schmelzen.
- Topf vom Feuer nehmen, restliche Schokolade zugeben und rühren, bis sie geschmolzen ist.
- Je ½–1 EL flüssige Schokolade so auf mit Backpapier ausgelegte Backbleche geben, dass in eine Reihe 4 Dukaten passen. Bleche mehrmals leicht auf den Tisch klopfen, sodass die Schokolade zu einem gleichmäßigen Kreis zerfließt.
- Für die Dekoration etwas gemahlenen Pfeffer mit dem roten Pfeffer mischen, die übrigen Gewürze bereitstellen.
- Dukaten nach Belieben mit Pfeffermischung, Ingwer, Limetten-schale, Fleur de Sel oder Koriander bestreuen. Falls die Schoko-lade nicht fest wird, kurz in den Kühlschrank oder über Nacht auf den Balkon stellen. Würzige Schokoladendukaten kühl und trocken lagern.

VERPACKUNGSIDEE
Dukaten gehören in eine Schatztruhe! Sprühen Sie dafür eine kleine Schatzkiste aus Karton (Bastelgeschäft) mit Dekospray goldfarben an und legen oder stellen Sie die Dukaten vorsichtig hinein.

Kürbis süß-sauer

Ergibt 3 Weckgläser à 450 ml

1,5 kg	Kürbis (z. B. Muskatkürbis)
250 ml	Wasser
250 ml	Apfelessig
100 g	Zucker
150 g	flüssiger Honig
2	rote Chilischoten, fein geschnitten
3	Zimtstangen
2	Lorbeerblätter
6	getrocknete Orangenscheiben (Gewürzladen)

- Kürbis in Spalten schneiden, entkernen und schälen. Fruchtfleisch in 2 cm große Würfel schneiden.
- Wasser, Essig, Zucker, Honig, Chili, Zimt, Lorbeer und Orangen aufkochen. Kürbis zufügen, erneut aufkochen und 20 Min. bei mittlerer Hitze köcheln lassen.
- Kürbis mit dem Sud in ausgespülte Weckgläser füllen, dabei Kürbis vollständig mit Sud bedecken. Gläser mit Deckeln fest verschließen und 2–3 Wochen durchziehen lassen. Kürbis süß-sauer hält sich gekühlt bis zu 6 Monate.

TIPP
Kürbis süß-sauer schmeckt köstlich zu Entenbrust, Wildgerichten und Schmorbraten.

Von drauß vom Walde ...

Damit Sie für die Vorweihnacht gerüstet sind, finden Sie in diesem Kapitel passende Mitbringsel und Geschenke.

Am 6. Dezember freuen sich auch die Großen über eine Nikolausüberraschung, zum Beispiel über feine Meraner Nüsse oder weiße Nikolausmützen mit Trüffelfüllung.

Im Wald begeistern Sie zum Baumschlagen Freunde und Familie mit heißem Apfelbrandy, einem herzhaften Kartoffelgugelhupf und duftenden Christstollenmuffins.

Damit auf dem Weihnachtsbasar auch die Kasse klingelt, steuern Sie hausgemachte Köstlichkeiten wie eingelegten Ingwer, Glühweingelee oder Weihnachtsmandeln zum Verkauf bei.

Und zum Grillen unterm Mistelzweig bringen Sie Holunder-Mandarinen-Grog und Honig-Ingwer-Spareribs mit.

Da Sie wenig von Notgeschenken halten, kommen Ihre Weihnachtspräsente aus der Homemade-Küche: Koriander-pralinen oder weißer Nougat für die süßen Mäuler oder lieber Wildschweinterrine und eingelegter Ziegenkäse für die herzhaften Gaumen.

Nikolausabend bei den Nachbarn

Wenn Nikolaus und Knecht Ruprecht an die Türe klopfen,
machen alle ganz große Augen. Damit nicht nur die Kinder etwas
aus dem großen Jutesack bekommen, haben Sie für die Eltern
auch was mitgebracht.

Meraner Nüsse

Ergibt etwa 35 Stück

500 g	Marzipanrohmasse
50 g	Pistazien, gemahlen
250 g	Walnusskernhälften

Für die Dekoration
  feiner Zucker

- Marzipan und Pistazien verkneten. Mit feuchten Händen kleine
  Kugeln formen und zwischen zwei Walnusshälften drücken.
- Meraner Nüsse in feinem Zucker wenden und in Blechdosen
  verpackt luftdicht lagern.

VERPACKUNGSIDEE
Packen Sie die Nüsse portionsweise
in kleine Cellophantütchen.

Duftende Orangen
Für 10 Stück

10	große Orangen
150 g	ganze Gewürznelken

1	Stopfnadel

- Orangen mit der Stopfnadel diagonal über Kreuz im Abstand von 0,5 cm durchstechen. Gewürznelken in die Öffnungen stecken.
- Duftende Orangen in einer hübschen Schale zu einer Pyramide arrangieren und an einem recht trockenen Ort aufstellen.

VERPACKUNGSIDEE
Packen Sie die Schale mit den Duftorangen in transparentes Cellophan-papier ein und binden es mit hübschem Geschenkband zu.

Von drauß vom Walde ...

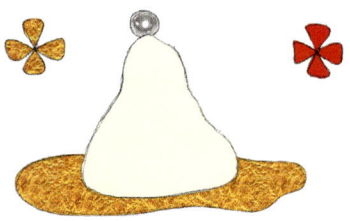

Weiße Nikolausmützen

Ergibt etwa 45 Stück

100 g	Marzipanrohmasse
30 g	Puderzucker
100 g	Sahne
50 g	Orangenmarmelade
250 g	dunkle Schokolade (70%), grob gehackt
1 EL	abgeriebene Schale einer unbehandelten Orange
50 g	weiche Butter
400 g	weiße Kuvertüre, fein gehackt
2 EL	silberne Zuckerperlen

- Marzipanrohmasse mit gesiebtem Puderzucker verkneten und zwischen Folie 2 mm dick ausrollen. Mit einem Plätzchen- ausstecher Kreise zu 2–3 cm Durchmesser ausstechen. Teig- reste erneut ausrollen und weitere Kreise ausstechen, bis die Marzipanmasse verbraucht ist. Kreise auf Backpapier legen und antrocknen lassen.
- Sahne und Orangemarmelade in einem kleinen Topf aufkochen, vom Herd nehmen. Schokolade unterrühren und in der heißen Sahne schmelzen. Orangenschale und Butter zugeben und mit dem Schneebesen zu einer glatten Trüffelmasse rühren. Abgedeckt 30–40 Min. in den Kühlschrank stellen.
- Trüffelmasse mit einem Löffel durchrühren, bis sie fester und heller wird. Zügig in einen Spritzbeutel mit großer Lochtülle füllen und kleine Zipfelmützen auf die Marzipankreise spritzen. 40 Min. kalt stellen.

Von drauß vom Walde ...

- Kuvertüre im Wasserbad schmelzen. Dazu Schokolade in eine Schüssel geben. Etwas Wasser in einem knapp kleineren Topf bis auf 40 °C (handwarm) erhitzen. Topf vom Feuer nehmen und Schüssel mit Kuvertüre darauf setzen. Kuvertüre umrühren, bis sie geschmolzen ist. Kuvertüre leicht abkühlen lassen und erneut im Wasserbad schmelzen, damit der Schokoladenüberzug glänzt. (Dies ist die Wasserbad-Anleitung für Schokoladenglasur, die bei Kuchen oder Pralinen verwendet wird.)
- Trüffelmützen mit Hilfe einer Pralinengabel kopfüber in die flüssige Kuvertüre tauchen, überschüssige Kuvertüre am Topfrand abklopfen und Mützen auf das Backpapier setzen. Bevor die Kuvertüre fest wird, Zuckerperlen auf die Spitzen drücken. Vollständig trocknen lassen.
- Weiße Nikolausmützen zwischen Backpapierlagen in eine Blechdose setzen, kühl und trocken lagern.

TIPP
Die Nikolausmützen können Sie bequem im Voraus zubereiten. Kühl gelagert halten sie 2–3 Wochen.

VERPACKUNGSIDEE
Verschenken Sie die Nikolausmützen in kleinen, mit Seidenpapier ausgelegten Spanschachteln aus dem Bastelladen, die Sie vorher hübsch verziert haben.

Von drauß vom Walde ...

Auf zum fröhlichen Baumschlagen

Die schönsten Weihnachtsbäume schlägt man am besten selbst.
Damit der Ausflug in den Tannenwald auch ein kulinarisches
Erlebnis wird, packen Sie diese rustikalen Schmankerln
in den Picknickkorb.

Heißer Apfelbrandy
Für eine 1-Liter-Thermoskanne

600 ml klarer Apfelsaft
  4 TL Akazienhonig
100 ml Brandy
  4 TL kandierter Ingwer
     4 Spalten einer unbehandelten Limette

Für die Dekoration
     4 Stängel Zitronengras

- Apfelsaft, Honig und Brandy in einem Topf langsam erhitzen, jedoch nicht kochen.
- Ingwer und Limettenspalten auf die Gläser verteilen und mit dem heißen Apfelbrandy übergießen.
- Zitronengras am unteren Ende leicht zerdrücken und zum Umrühren verwenden.

TRANSPORTIDEE

Füllen Sie den heißen Apfelbrandy in eine Thermoskanne. Ingwer und Limettenspalten in einer Frischhaltedose transportieren. Vor Ort auf die mitgebrachten Tassen oder Becher verteilen und mit dem heißen Apfelbrandy übergießen.

Von drauß vom Walde ...

Kartoffelgugelhupf mit Backpflaumen

Für eine 1,5-Liter-Gugelhupfform

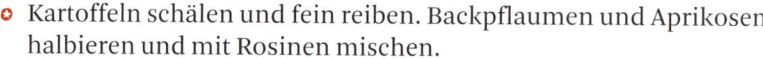

1 kg	Kartoffeln
150 g	entsteinte Backpflaumen
150 g	getrocknete Aprikosen
100 g	Rosinen
5	Eier
200 mg	Crème fraîche
	Salz
	Pfeffer aus der Mühle
1 Msp.	gemahlene Muskatnuss
	etwa 20 Scheiben Frühstücksspeck

- Kartoffeln schälen und fein reiben. Backpflaumen und Aprikosen halbieren und mit Rosinen mischen.
- Eier und Crème fraîche verrühren, mit Salz, Pfeffer und Muskatnuss würzen.
- Ausgetretenen Kartoffelsaft abgießen und geriebene Kartoffeln mit Trockenfrüchten und Eiercreme vermischen. Nach Geschmack noch einmal mit Salz und Pfeffer nachwürzen.
- Eine gefettete Gugelhupfform mit Speckscheiben auslegen, Scheiben dabei leicht überlappen.
- Kartoffelmasse vorsichtig in die Form füllen, mit Alufolie abdecken und in eine mit Wasser gefüllte Auflaufform stellen.
- Im vorgeheizten Backofen bei 150°C (Umluft 130°C) 2–3 Std. fest backen. Bei Bedarf Wasserbad mit heißem Wasser auffüllen.
- Den Kartoffelgugelhupf mit Backpflaumen aus dem Wasserbad nehmen, etwas abkühlen lassen und auf eine Servierplatte stürzen. Wie einen Kuchen in Stücke aufschneiden.

TIPP

Falls etwas übrig bleibt, Gugelhupfscheiben in einer Pfanne in etwas Butter braten und mit Salat servieren.

TRANSPORTIDEE

Gugelhupf fertig gebacken in der Form transportieren und mit Handtüchern umwickeln. Auf ein Holzbrett stürzen und in Stücke schneiden.

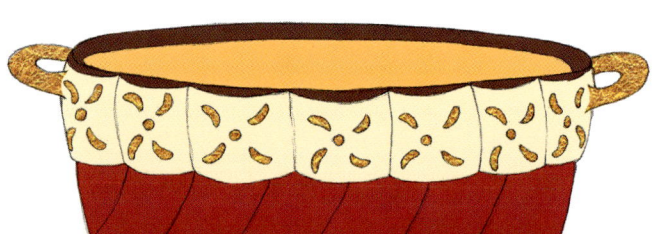

Christstollenmuffins

Ergibt 12 Stück

2	Eier
150 g	brauner Zucker
150 g	flüssige Butter
100 g	Schmand
275 g	Mehl
2 TL	Backpulver
1 TL	Natron
1 TL	Zimt
1 TL	Christstollengewürz (Gewürzhandel)
100 g	getrocknete Datteln, grob gewürfelt
100 g	getrocknete Feigen, grob gewürfelt

Für die Dekoration

50 g	flüssige Butter
100 g	Puderzucker

Muffinförmchen aus Papier

- Eier mit Zucker in einer Schüssel schaumig schlagen, Butter und Schmand unterrühren.
- In einer zweiten Schüssel Mehl, Backpulver, Natron und Gewürze mischen, Datteln und Feigen bis auf 1–2 EL für die Dekoration unterheben.
- Flüssige Zutaten zur Mehlmischung geben und mit einem Holzlöffel schnell zu einer homogenen Masse verrühren.
- Teig in ein mit Papierförmchen ausgelegtes Muffinblech füllen und im vorgeheizten Backofen bei 175 °C (Umluft 150 °C) 25–30 Min. goldbraun backen.
- Muffins aus dem Ofen nehmen und mit heißer Butter bestreichen. Mit der Hälfte des Puderzuckers bestäuben und auskühlen lassen.
- Christstollenmuffins mit dem restlichen Puderzucker bestäuben und den übrigen Feigen- und Dattelstücken verzieren.

TIPP

Anstelle von Feigen oder Datteln eignen sich auch Rosinen, Backpflaumen oder Cranberries.

Besonders hübsch sehen die Muffins aus, wenn Sie Papierförmchen mit Weihnachtsmotiven verwenden.

Von drauß vom Walde ...

Weihnachtsbasar im Verein

Wenn's um den guten Zweck geht, steuern Sie natürlich auch etwas Besonderes dazu bei. Diese feinen Kostproben aus der eigenen Küche finden auf dem Basar reißenden Absatz.

Eingelegter Ingwer

Ergibt ein Schraubglas à 350 ml

150 g	frischer Ingwer, geschält
500 ml	Wasser
3 TL	Zucker
100 ml	Reisessig
1	Prise Salz

- Ingwer mit einem Hobel oder einem sehr scharfen Messer in hauchdünne Scheiben schneiden.
- Wasser in einem Topf zum Kochen bringen und die Ingwerscheiben darin etwa 3 Min. blanchieren. Abgießen und 4 EL Kochwasser aufheben.
- Zucker und Reisessig, Salz und das aufgehobene Ingwerkochwasser in einer Schüssel verrühren, bis sich der Zucker gelöst hat.
- Ingwerscheiben in ein Glas (350 ml) füllen, Essig-Zucker-Wasser darüber gießen und das Glas fest verschließen. Etwa 1 Woche im Kühlschrank ziehen lassen. Der Ingwer ist fertig, wenn er sich lachsrosa verfärbt hat.

Glühweingelee

Ergibt 4 Schraubgläser à 200 ml

500 ml	Rotwein
250 ml	Wasser
1	Säckchen Glühweingewürz (siehe Rezept »Kinder-Glühwein«, S. 16) Saft von 1 Orange
500 g	Gelierzucker (2:1)
2	Päckchen Vanillezucker
4	Zimtstangen Schale von 1 unbehandelten Orange, fein geschnitten

- ❂ Rotwein und Wasser mit dem Gewürzsäckchen zugedeckt auf-kochen und bei milder Hitze 15 Min. ziehen lassen.
- ❂ Orangensaft, Gelierzucker und Vanillezucker zugeben und unter Rühren zum Kochen bringen. 2 Min. sprudelnd kochen lassen.
- ❂ Zimtstangen und Orangenschale in die sauberen Gläser mit Schraubdeckel verteilen. Glühweingelee bis zum Rand in die Gläser füllen und diese fest verschließen.

TIPP
Wenn es schnell gehen muss, können Sie auch eine Flasche fertigen Glühwein verwenden.

VERPACKUNGSIDEE
Legen Sie ein Stück karierten Stoff über die Deckel und binden es mit Satinband fest.

Weihnachtsmandeln

300 g	Mandeln
200 g	Puderzucker
100 g	Vollmilchkuvertüre
2 TL	gemahlener Zimt
2 TL	gemahlener Koriander

- Mandeln auf ein beschichtetes oder leicht geöltes Backblech legen und mit 60 g gesiebtem Puderzucker bestäuben. Im vorgeheizten Backofen bei 180 °C (Umluft 160 °C) etwa 50–60 Min. karamellisieren, bis der Puderzucker geschmolzen ist. Mandeln mehrmals wenden. Aus dem Ofen nehmen und abkühlen lassen. Mandeln eventuell voneinander trennen.
- In der Zwischenzeit Kuvertüre im Wasserbad bei 40 °C schmelzen, Gewürze untermischen und vom Feuer nehmen.
- Karamellisierte Mandeln in die Kuvertüre geben und gut untermischen.

○ Restlichen Puderzucker in eine große Schüssel oder Dose mit Deckel sieben. Die noch warmen Schokomandeln darauf geben (die Schokolade muss noch weich sein), Deckel fest verschließen und so lange gut schütteln, bis sich die Mandeln gelöst haben. Weihnachtsmandeln kühl und trocken lagern.

TIPP
Etwas herber schmecken die Mandeln, wenn man sie statt in Puderzucker in Kakaopulver schüttelt. Auch zusätzliche Gewürze wie gemahlene Nelken oder Anis verleihen den Mandeln einen besonders feinen Geschmack.

VERPACKUNGSIDEE
Weihnachtsmandeln in kleine Tüten aus Cellophan packen und mit hübschem Geschenkband verschließen.

Wintergrillen unterm Mistelzweig

Man kann sich unterm Mistelzweig küssen, so will es die
Tradition. Oder sich mit Freunden zum Wintergrillen verabreden.
Diese aromatischen Mitbringsel machen nicht nur warm ums Herz,
sondern bringen auch alle in Weihnachtsstimmung.

Holunder-Mandarinen-Grog

Für eine 1,5-Liter-Thermoskanne

8–10	Mandarinen
500 ml	Holundersaft (Reformhaus)
700 ml	Apfelsaft
75 g	brauner Kandiszucker
2	Zimtstangen
	Mark von 1 Vanilleschote
	Schale von 1 unbehandelten Orange
4 EL	Orangensaft
100 ml	Rum

- Mandarinen auspressen. Saft mit Holunder- und Apfelsaft, Kandis, Zimtstangen, Vanille, Orangenschale und -saft
  aufkochen und 10 Minuten köcheln lassen. Zum Schluss
  Rum zufügen.
- Holunder-Mandarinen-Grog in Thermoskannen füllen und
  heiß servieren.

TIPP
Bringen Sie zum Umrühren und Nachsüßen dekorative Kandis-Sticks
aus dem Teeladen mit.

Von drauß vom Walde ...

63

Spareribs mit Honig–Ingwer–Marinade

Für 6 Personen

2 kg Rinderrippe (beim Metzger bestellen)

Für die Marinade
- 3 EL Sesamöl
- 2 EL scharfe Barbecuesauce
- 2 EL Sojasauce
- 2 EL geriebener Ingwer, frischer
- 1 EL abgeriebene Schale von
  1 unbehandelten Zitrone
- 1 EL Dijonsenf
- 1 EL Waldhonig
  Rosenpaprika
  Cayennepfeffer
  schwarzer Pfeffer aus der Mühle

- Spareribs waschen und trocken tupfen.
- Für die Marinade Sesamöl, Barbecuesauce, Sojasauce, Ingwer, Zitronenschale, Senf und Honig gut vermengen und mit Rosenpaprika, Cayennepfeffer und Pfeffer scharf würzen.
- Spareribs in eine Schmorpfanne legen und mit der Marinade rundherum einpinseln. Etwa 2 Std. abgedeckt im Kühlschrank ziehen lassen.
- Fleisch aus der Marinade nehmen, abtropfen lassen und Marinade mit dem Messerrücken von den Rippen streifen. Restliche Marinade aufheben.
- Spareribs auf den heißen Grillrost legen und von beiden Seiten jeweils 30 Min. grillen. Immer wieder wenden und mit der übrigen Marinade bepinseln.
- Die Spareribs sind fertig, wenn man sie leicht zerteilen kann.

TRANSPORTIDEE
Die Spareribs fertig mariniert in einer mit Folie abgedeckten Schüssel oder einem großen Gefrierbeutel transportieren. Übrige Marinade separat mitnehmen.

Von drauß vom Walde ...

64

Sauerkrautsalat mit Piment

Für 8 Personen

600 g	frisches Sauerkraut (Reformhaus)
2 TL	Honig
	Meersalz
½ TL	gemahlener Piment
50 ml	Sonnenblumenöl
50 g	Pinienkerne
1	Granatapfel

- Sauerkraut in ein Sieb geben und abtropfen lassen. Saft auffangen.
- Sauerkrautsaft, Honig, Salz und Piment verrühren. Das Öl in feinem Strahl hinzufügen und unterschlagen. Dressing zum Sauerkraut geben, gut verrühren und mind. 30 Min. durchziehen lassen.
- Pinienkerne in einer Pfanne ohne Fett goldbraun rösten und abkühlen lassen. Granatapfel teilen und Kerne mit einem Löffel auslösen. Granatapfel- und Pinienkerne kurz vor dem Servieren unter das Sauerkraut heben.

Speck–Zwiebel–Brot

Ergibt 3 kleine Brote

150 g	Speck, gewürfelt
1	große rote Zwiebel, in Ringe geschnitten
1 EL	Balsamico-Essig
400 g	Mehl (Type 550)
100 g	Roggenmehl (Type 1150)
10 g	frische Hefe
10 g	Salz
350 ml	lauwarmes Wasser

- Speck in einer Pfanne ohne Fett etwa 3–4 Min. anbraten, Zwiebelringe zugeben und weitere 3 Min. mitbraten. Balsamico-Essig unterrühren und Pfanne vom Feuer nehmen. Abkühlen lassen.
- Mehlsorten gut vermischen und in eine Schüssel geben. Hefe zwischen den Fingerspitzen hinein reiben. Salz und Wasser zugeben und mit dem Knethaken der Küchenmaschine zu einem glatten Teig verarbeiten. Speck-Zwiebel-Masse unterkneten, Teig zu einem Ball formen und in der bemehlten Schüssel zugedeckt 1 Std. gehen lassen.
- Teig in 3 Stücke teilen, jeweils zu einem festen Ball formen und auf ein mit Backpapier ausgelegtes Backblech setzen. Mit einem Küchentuch bedecken und weitere 90 Min. gehen lassen, bis sich das Volumen verdoppelt hat.
- Brote mit einem scharfen Messer über Kreuz einschneiden. Die Wände des vorgeheizten Backofens mit Wasser besprühen und Brote bei 220 °C (Umluft 200 °C) 5 Min. backen. Temperatur auf 190 °C reduzieren und weitere 15 Min. backen. Die Speck-Zwiebel-Brote sollten hohl klingen, wenn man auf ihre Unterseite klopft.

TIPP

Sie können die Brote auch als Wurzelbrote backen. Dazu längliche Brote formen und 2–3 mal in sich drehen, bevor sie auf das Backblech kommen.

Kulinarische Weihnachtsgeschenke – selbst gemacht

Sie suchen eine Alternative zu SOS-Geschenken wie Krawatte oder Parfum? Dann finden Sie hier die passende Überraschung. Ob süß oder herzhaft, mit diesen Präsenten Marke »Homemade« machen Sie alle glücklich.

Korianderpralinen

Ergibt etwa 60 Stück

25 g	geschälte Mandeln, gemahlen
200 g	Vollmilchkuvertüre, grob gehackt
50 g	dunkle Schokolade (70%), grob gehackt
250 g	Sahne
40 g	Butter
1 TL	Zimt
1 TL	gemahlener Koriander
1	Palette (etwa 60 Stück) Vollmilch-Pralinenhohlkugeln (Konditoreibedarf, Internet)

Für die Dekoration

250 g	Vollmilchkuvertüre
½ TL	Zimt
½ TL	gemahlener Koriander

Pralinengitter
Pralinengabel

- Mandeln in einer Pfanne ohne Fett goldgelb rösten, vom Feuer nehmen und abkühlen lassen.
- Kuvertüre und Schokolade im Wasserbad bei 40 °C schmelzen. Vom Feuer nehmen und Mandeln unterrühren.
- Sahne, Butter, Zimt und Koriander aufkochen. Mit einem Kochlöffel langsam unter die Kuvertüre rühren, bis eine glänzende Masse entstanden ist. 1 Std. kühl stellen.
- Trüffelmasse portionsweise in einen Spritzbeutel mit mittlerer Lochtülle füllen und bis knapp unter den Rand in die Hohlkugeln spritzen. Kugeln zugedeckt im Kühlschrank über Nacht kühl stellen.
- Für die Glasur Vollmilchkuvertüre im Wasserbad (siehe S. 53) schmelzen. 2–3 EL davon in einen Gefrierbeutel füllen, eine Ecke knapp abschneiden und die Öffnung der Kugeln mit der Kuvertüre verschließen. Etwa 30 Min. kühl stellen.
- Kuvertüre erneut im Wasserbad schmelzen. Kugeln mit einer Pralinengabel in die Kuvertüre tauchen, abtropfen lassen und auf einem Pralinengitter leicht hin und her rollen. Pralinen auf Pergamentpapier setzen und etwas antrocknen lassen.
- Zimt und Koriander mischen und Pralinen damit bestäuben. Korianderpralinen vollständig trocknen lassen und in kleine Pralinenschachteln setzen.

Weißer Nougat

Ergibt etwa 50 Stück

250 g	Mandeln
100 g	Pistazienkerne
250 g	flüssiger Akazien- oder Lavendelhonig (klar)
2	Eiweiß
200 g	Zucker
3 EL	Invertzucker (ersatzweise Zuckersirup, Reformhaus)
2 EL	Wasser
6–8	Blätter Backoblaten (ca. 12 x 20 cm)

Zuckerthermometer

- Mandeln und Pistazienkerne in einer Pfanne ohne Fett rösten und abkühlen lassen.
- Honig in einem Topf langsam auf 115 °C erhitzen. In der Zwischenzeit Eiweiß mit der Küchenmaschine steif schlagen. Eiweiß und Honig sollten zur gleichen Zeit fertig sein. Honig noch heiß auf den Eischnee gießen und weitere 5–8 Min. rühren, bis die Masse eingedickt und abgekühlt ist.
- Zucker, Invertzucker und Wasser in einem zweiten Topf langsam aufkochen, bis die Masse eine Temperatur von 142 °C erreicht hat. Nicht weiter erhitzen, sonst wird das Nougat zu hart.
- Topf vom Feuer nehmen. Sobald der Sirup keine Blasen mehr wirft, in einem dünnen Strahl bei langsam laufender Küchenmaschine in den Honig-Eischnee gießen. Wenn die Masse dick und glänzend ist, Mandeln und Pistazien unterheben.
- Nougatmasse auf ein mit Backoblaten ausgelegtes Backblech (20 x 30 cm) etwa 1,5 cm dick streichen. Mit Backoblaten abdecken und mit einem Holzbrett leicht andrücken, damit die Oberfläche eben wird. Bei Zimmertemperatur abkühlen und trocknen lassen.
- Den weißen Nougat mit einem scharfen Messer in Vierecke (2 x 2 cm) schneiden und luftdicht verpackt mind. 1 Woche an einem kühlen Ort ruhen lassen.

VERPACKUNGSIDEE

Packen Sie die Nougatwürfel in buntes Wachspapier und legen sie in eine hübsche Pralinenschachtel.

Wildschweinterrine mit Cassis

Für eine 1,5-Liter-Terrinenform

Für die Marinade

3	Zwiebeln, fein gehackt
2	Knoblauchzehen, fein gehackt
200 ml	Rotwein
3	Zesten einer ungespritzten Orange
1	Lorbeerblatt
1 EL	getrocknete Cranberries

Für die Farce

400 g	Wildschweinschulter, gewürfelt
200 g	fetter Speck
200 g	Schweinenacken
50 ml	schwarzer Johannisbeerlikör (z. B. Crème de Cassis)
	Salz
	Pfeffer aus der Mühle

Für die Dekoration

2–3	Lorbeerblätter
	geschälte und halbierte Mandelkerne
	getrocknete Cranberries

- In einer Schüssel Zwiebeln, Knoblauch, Rotwein, Orangenzesten, Lorbeerblatt und Cranberries vermischen.
- Wildschweinwürfel in der Marinade 24 Std. einlegen.
- Speck, Schweinenacken und die Hälfte des eingelegten Wildschweins durch die große Lochscheibe des Fleischwolfs drehen, die festen Bestandteile der Marinade (bis auf das Lorbeerblatt) und das restliche Wildschwein dazugeben. Johannisbeerlikör unterheben.
- Mit Salz und Pfeffer kräftig würzen.
- Eine Terrinenform mit der Farce füllen, Oberfläche glattstreichen und mit Lorbeerblättern, Mandeln und Cranberries dekorieren.
- Terrine im Wasserbad bei 180 °C (Umluft 160 °C) etwa 2 Stunden garen.
- Die Wildschweinterrine aus dem Wasserbad nehmen, auskühlen lassen und in der Form servieren.

TIPP
Die Wildschweinterrine hält sich 2–3 Tage im Kühlschrank frisch.

VERPACKUNGSIDEE
Nehmen Sie eine hübsche Terrinenform (1,5 l) aus weißem Porzellan, z. B. mit Wildschweinkopf, und schenken Sie diese gleich mit.

Von drauß vom Walde ...

Blutorangenmarmelade

Ergibt etwa 4 Schraubgläser à 300 ml

8	unbehandelte Blutorangen
1 kg	Zucker
je ¼ TL	Nelken-, Zimt- und Ingwerpulver

- ⟳ Orangen etwa 10 Min. in Wasser kochen, vom Feuer nehmen und abkühlen lassen.
- ⟳ Obere Schale von 2 Orangen sehr dünn abschälen und in feine Streifen schneiden. Beide Orangen auspressen, Saft beiseite stellen.
- ⟳ Übrige Orangen schälen, dabei auch die weiße Haut entfernen. Fruchtfleisch im Mixer pürieren.
- ⟳ Saft, Fruchtfleisch und Schalenstreifen abwiegen und mit der gleichen Menge Zucker (etwa 800–1000 g) in einen hochwandigen Topf geben, bei mittlerer Hitze unter ständigem Rühren 15–20 Min. köcheln lassen.
- ⟳ Topf vom Feuer nehmen und Gewürze unterrühren.
- ⟳ Die Blutorangenmarmelade in heiß ausgespülte Gläser füllen und mit Schraubdeckeln verschließen.

TIPP
Stecken Sie vor dem Verschließen eine Zimtstange zur Dekoration in jedes Glas.

Ziegenkäse im Weckglas

Ergibt 2 Bügelgläser à 250 ml

6	kleine Ziegenkäse (z. B. Picandou)
2	Zweige Rosmarin
2	Zweige Thymian
2	Lorbeerblätter
4	Pimentkörner
10	eingelegte grüne Pfefferkörner
10	eingelegte rosa Pfefferkörner
2	rote Chilischoten
½ l	kaltgepresstes Olivenöl

- Ziegenkäse, Kräuter und Gewürze auf die beiden Weckgläser verteilen. Mit Öl begießen, sodass der Käse gut bedeckt ist.
- Gläser verschließen und an einem kühlen Ort mind. 1 Woche ziehen lassen.

Weihnachtssenf

Ergibt 2 Bügelgläser à 125 ml

50 g	gelbe Senfkörner
5 g	Salz
10 g	Zucker
1	Lorbeerblatt
2	Pimentkörner
30 ml	Weißweinessig
50 ml	Wasser
¼	Zwiebel
1 TL	gemahlener Kreuzkümmel
1 EL	Lebkuchengewürz

- Senfkörner, Salz, Zucker, Lorbeerblatt und Pimentkörner mit dem Multi-Zerkleinerer fein mahlen.
- Übrige Zutaten hinzufügen und etwa 5 Min. im Mixer zu einer cremigen Masse pürieren. Falls der Senf zu fest ist, etwas mehr Wasser unterrühren.
- Weihnachtssenf in kleine Einmachgläser mit Bügelverschluss (à 125 ml) füllen und im Kühlschrank 3–4 Wochen ziehen lassen.

TIPP
Etwas milder wird der Senf, wenn Sie 1 EL Honig unterrühren.

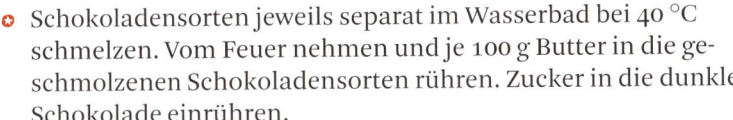

Schokoladenterrine

Für eine Kastenform von 30 cm Länge

200 g	dunkle Schokolade (70%)
200 g	Vollmilchschokolade
200 g	Butter
50 g	Zucker
4	Eiweiß
1	Päckchen Vanillezucker
100 g	kandierter Ingwer, klein gewürfelt
300 g	Honigkuchen in Scheiben (Reformhaus)
4 EL	Cointreau

Für den Guss
200 g dunkle Kuvertüre

- Schokoladensorten jeweils separat im Wasserbad bei 40 °C schmelzen. Vom Feuer nehmen und je 100 g Butter in die geschmolzenen Schokoladensorten rühren. Zucker in die dunkle Schokolade einrühren.
- Eiweiß mit Vanillezucker steif schlagen. Eischnee teilen und jeweils unter die helle und die dunkle Schokolade heben. Ingwer unter die dunkle Schokoladenmasse mischen. 15 Min. kühlen.
- Honigkuchenscheiben mit Cointreau beträufeln, Ränder abschneiden und Boden und Seiten einer gut gefetteten Kastenform mit den Kuchenscheiben auslegen.
- Helle und dunkle Schokoladenmousse mit einem Esslöffel abwechselnd in die Form füllen, so dass ein Marmoreffekt entsteht. Mit restlichen Honigkuchenscheiben bedecken und diese leicht andrücken. Form mit Folie bedecken und über Nacht kühl stellen.
- Schokoladenterrine auf ein Kuchengitter stürzen. Für den Guss 150 g Kuvertüre im Wasserbad (siehe S. 53) schmelzen und Terrine damit gleichmäßig bestreichen. Die restliche Kuvertüre mit einem scharfen Messer hobeln und auf der Terrine verteilen. Gut trocknen lassen und bis zum Verzehr kühl stellen. Im Kühlschrank hält sich die Terrine 2–3 Tage frisch.

VERPACKUNGSIDEE
Setzen Sie die Schokoladenterrine auf ein silbernes Tablett und packen Sie sie in transparente Geschenkfolie ein.

Morgen, Kinder, wird's was geben

Das Warten aufs Christkind fällt allen schwer, besonders Kindern. In der Backstube duftet es herrlich nach Zimt, Koriander, Muskatnuss und Sternanis, und in der Luft schwebt ein Hauch von Puderzucker. Die Spannung vor dem Fest der Feste steigt, und Geschenke sind in der ganzen Familie das große Thema. Wer hat woran Freude? Wer bekommt was? Und wie schaffen wir das alles noch?

Bis die traditionelle Glocke am Heiligen Abend endlich ertönt, lassen sich noch himmlische Botschaften zaubern, die man bestens verschenken oder mitbringen kann. Traditionelles Gebäck wie Bärentatzen oder Großmutters Mandelkärtchen – hübsch verpackt – gehört dazu.

Auch süße Bastelarbeiten verkürzen die Wartezeit und sind höchst willkommen. Kinder freuen sich wie Schneekönige über ein fertiges Knusperhäuschen aus duftendem Lebkuchen. Oder über Salzteigkringel, leuchtende Fensterkekse oder dekorative Zapfen und Spindeln.

Für Oma & Opa soll es natürlich auch etwas geben, denn auch sie wollen in der Weihnachtszeit schlemmen und naschen. Wie wäre es mit einer deftigen Hasenpastete mit grünem Pfeffer oder Russischen Zigarren für Großvaters weihnachtlichen Herrenabend? Und wenn Omi ihre Freundinnen zum Kaffeeklatsch einlädt, zählen zarte Lavendelkekse oder etwas »Geistiges« wie Schoko-Sahne-Likör zu den Lieblingen der Damenrunde.

In der Weihnachtsbäckerei

In der häuslichen Backstube herrscht jetzt Hochbetrieb.
Endlich dürfen die Kleinen eifrig mithelfen, denn die köstlich
duftenden Weihnachtsüberraschungen sollen doch rechtzeitig
zum Fest fertig werden.

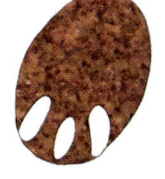

Bärentatzen

Für eine 12er Bärentatzenform
Ergibt etwa 24 Stück

Für den Teig

80 g	weiche Butter	½ TL	Backpulver
50 g	Zucker	1 EL	Kakao
1	Päckchen Vanillezucker	50 g	Mandelblätter
	abgeriebene Schale von		
	1 unbehandelten Orange		Für die Dekoration
2	Eier	30 g	weiße Schokolade
75 g	Mehl		

- In einer Schüssel Butter und Zucker, Vanillezucker und Orangenschale schaumig rühren. Eier einzeln dazugeben und gut verrühren.
- Mehl sieben und mit Backpulver und Kakao mischen. Löffelweise zum Teig geben und Mandelblätter unterziehen.
- Jeweils 1 TL Teig in die gefetteten Mulden der Form geben und im vorgeheizten Backofen auf mittlerer Schiene bei 180 °C (Umluft 160 °C) in etwa 10 bis 12 Min. außen knusprig und innen weich backen.
- Bärentatzen auf ein Gitter stürzen und erkalten lassen. Die Form erneut fetten und weitere Bärentatzen backen, bis aller Teig aufgebraucht ist.
- Weiße Schokolade zerkleinern und im Wasserbad bei geringer Hitze schmelzen. Schokolade in einen Spritzbeutel füllen und jeweils 3 Krallen auf die Bärentatzen aufspritzen. Gut trocknen lassen.

VERPACKUNGSIDEE
Die Bärentatzen portionsweise in kleine Cellophantüten packen und mit einem roten Band verschließen.

Morgen, Kinder, wird's was geben

Knusperhäuschen

Ergibt 1 Knusperhäuschen

Für den Teig
- 600 g Honig
- 125 ml Wasser
- 750 g Mehl
- 200 g Zitronat, fein gehackt
- 100 g Orangeat, fein gehackt
- 20 g Lebkuchengewürz
- 1 EL Kakao
- 20 g Natron (Apotheke oder Supermarkt)
- 3 EL Wasser
- 3–4 EL Mehl zum Ausrollen

Für den Guss
- 2 Eiweiß
- 400 g Puderzucker
- grüne Lebensmittelfarbe

Für die Dekoration
- Tannenbaum-Ausstecher (Höhe 8–10 cm)
- bunte Geléekringel
- Kokosmakronen
- Gummibärchen
- Lakritzkonfekt
- Zimtstangen
- 300 g Kokosflocken (für den Schnee)
- 1 EL Puderzucker
- Watte (für den Schornstein)

- ○ Für den Teig Honig und Wasser aufkochen und abkühlen lassen.
- ○ Mehl, Zitronat und Orangeat, Lebkuchengewürz, Kakao und Honigmischung in eine Schüssel geben.
- ○ Natron in 3 EL Wasser auflösen und dazugeben. Alles zu einem glatten Teig verkneten und 1 Stunde bei Zimmertemperatur ruhen lassen.
- ○ Teig nochmals kräftig durchkneten und ¼ davon auf wenig Mehl zu einem Rechteck von 22 x 28 cm und 7 mm Stärke für das Dach ausrollen.
- ○ Die Teigplatte auf ein mit Backpapier ausgelegtes Backblech legen und im vorgeheizten Backofen bei 175 °C (Umluft 150 °C) etwa 15 Min. backen. Herausnehmen und auskühlen lassen.
- ○ Ein weiteres Teigviertel für die zweite Dachplatte wie beschrieben ausrollen und backen. Abkühlen lassen.

- Den restlichen Teig ausrollen und zwei Dreiecke für die Giebelseiten des Hauses daraus ausschneiden. Zwei Seiten jedes Dreiecks sollten je 22 cm lang, die dritte Seite etwa 20 cm lang sein. Aus einem Giebel eine Tür ausschneiden. Teigdreiecke wie beschrieben backen.
- Die übriggebliebenen Teigreste zusammenkneten und 1 cm dick ausrollen. Mit einem Plätzchenausstecher Tannenbäume ausstechen, Fensterläden, Schornsteinteile und eine Tür ausschneiden. Evtl. auch Zäune etc. für den Weg vor dem Häuschen. Diese Teile etwas länger backen und wiederum abkühlen lassen.

- Für den Guss Eiweiß in einer Schüssel steif schlagen, Puderzucker dabei langsam einrieseln lassen, bis ein dickflüssiger Brei entsteht.
- 3 EL Guss mit einigen Tropfen grüner Lebensmittelfarbe verrühren und beiseite stellen.
- Restlichen weißen Guss in einen Gefrierbeutel geben, fest verschließen und eine kleine Ecke abschneiden.
- Giebelkanten beider Giebeldreiecke dick mit weißem Guss einstreichen. Dachplatten von beiden Seiten dagegen legen und evtl. abstützen, bis der Guss trocken ist. Häuschen auf ein großes Holzbrett oder ein Tablett stellen.
- Schornsteinteile mit Guss zusammenkleben und auf das Häuschen setzen. Watte als Rauchfahne hineinstecken. Fensterläden und Tür mit Guss verzieren und an das Häuschen kleben. Eiszapfen an die Giebelkanten spritzen. Das Häuschen evtl. über Nacht trocknen lassen.
- Zur Dekoration die Süßigkeiten mit Guss auf das Dach und die Seiten kleben. Tannen mit grünem Guss bestreichen und mit weißem Guss »Schnee« aufbringen. Zimtstangen als Holzscheite vor das Häuschen legen. Kokosflocken als Schnee rund um das Häuschen verteilen. Tannen aufstellen. Evtl. auf der Holzplatte ankleben.
- Knusperhäuschen mit Puderzucker bestäuben.

Marzipanlebkuchen mit Glanzbildchen

Ergibt etwa 25 Stück

6	Eiweiß	**Für die Dekoration**	
200 g	Zucker	25	Glanzbildchen mit
200 g	kleingewürfelte		Weihnachtsmotiven
	Marzipanrohmasse		(Papiergeschäft)
200 g	gemahlene Mandeln	3 EL	Puderzucker
60 g	Mehl	1 TL	Zitronensaft
4 EL	Kakaopulver		
15 g	Lebkuchengewürz		
	(z. B. Neunerlei-Gewürz, siehe S. 146)		
1	Prise Salz		
250 g	dunkle Schokolade (70 %)		
25	Backoblaten (7 cm ø)		

- In einem Topf Eiweiß und Zucker verrühren. Marzipan zugeben und die Masse bei geringer Hitze unter ständigem Rühren er-wärmen, bis sich das Marzipan fast aufgelöst hat. Topf vom Feuer nehmen.

- Mandeln mit Mehl, Kakao, Salz und Lebkuchengewürz mischen. Eiweiß-Marzipan-Mischung zugeben und gut verrühren.
- Jeweils 1 gehäuften EL Teig auf die Oblaten geben, bis knapp an den Rand verteilen und glattstreichen.
- Im vorgeheizten Backofen bei 160 °C (Umluft 140 °C) etwa 12 bis 15 Min. backen. Die Marzipanlebkuchen sollen innen noch weich sein.
- Aus dem Backofen nehmen und auf einem Gitter leicht auskühlen lassen.
- Schokolade im Wasserbad langsam schmelzen (siehe S. 53).
- Marzipanlebkuchen kopfüber mit Hilfe einer Gabel in die Schokolade tauchen, abtropfen und auf einem Gitter trocknen lassen.
- Für die Dekoration Puderzucker und Zitronensaft verrühren. Jeweils einen Klecks in die Mitte der Marzipanlebkuchen geben und die Glanzbilder damit ankleben. Vollständig trocknen lassen.

VERPACKUNGSIDEE
Marzipanlebkuchen einzeln in Cellophantütchen packen oder in Transparentpapier einwickeln und mit Seidenbändern verschließen.

Morgen, Kinder, wird's was geben

Großmutters Mandelkärtchen

Ergibt etwa 60 Stück

Für den Teig
- 125 g   weiche Butter
- 200 g   Zucker
- 1   Päckchen Vanillezucker
- 2   Eier
  abgeriebene Schale von
  1 unbehandelten Zitrone
- 2 EL   Lebkuchengewürz
- 275 g   Mehl
- 100 g   Kartoffelstärke

Für die Dekoration
- 2   Eigelb
- 1 TL   Wasser
- 50 g   gehobelte Mandeln

- Butter, Zucker und Vanillezucker schaumig rühren. Nach und nach Eier, Zitronenschale und Lebkuchengewürz zugeben.
- Mehl und Kartoffelstärke mischen und löffelweise in den Teig einrühren.
- Teig in kleinen Portionen in Klarsichtfolie schlagen. 1 Std. im Kühlschrank ruhen lassen.
- Jeweils wenig Teig zwischen Klarsichtfolie möglichst dünn (etwa 0,5 cm) ausrollen. Mit einem rechteckigen Ausstecher (4 x 6 cm) Kartenblätter ausstechen und auf Backpapier legen.
- Teigblätter mit Eigelb bestreichen und mit Mandelblättchen belegen. Dazu jeweils 1, 2, 3 oder mehrere Mandelblättchen mittig oder in den Ecken wie bei Spielkarten anordnen.
- Die Mandelkärtchen im vorgeheizten Backofen bei 180° C (Umluft 160°) auf der mittleren Schiene etwa 20 bis 25 Min. goldbraun backen.
- Großmutters Mandelkärtchen herausnehmen und auf einem Kuchengitter auskühlen lassen.

VERPACKUNGSIDEE
Jeweils 12 Mandelkärtchen in Cellophantütchen (Größe 11,5 x 19 cm) schichten und mit goldenem Clip verschließen.

Baumschmuck zaubern

Der bunt geschmückte Weihnachtsbaum ist die Krönung
der Festtage bis ins neue Jahr hinein. Der Phantasie sind dabei
keine Grenzen gesetzt – je origineller, desto schöner!

Salzteigkringel

Für 6–8 Stück

300 g	Mehl	Für die Dekoration
300 g	Salz	Zahnstocher
200 ml	Wasser	Band oder Kordel zum Aufhängen
1 TL	Öl	evtl. Klarlack
1 Stück	Alufolie 30 x 30 cm	

-  In einer Schüssel Mehl und Salz vermischen, Wasser und Öl zugeben und kräftig durchkneten bis sich der Teig fest, glatt und geschmeidig anfühlt. Klebt er an den Händen, noch etwas mehr Mehl, ist er brüchig, etwas mehr Wasser zugeben.
- Teig zu einer Kugel formen, in Klarsichtfolie einschlagen und für 1–2 Std. ruhen lassen.
- Teig in 12–16 gleiche Teile teilen. Auf der matten Seite der Alufolie jeweils 2 gleichgroße Teigstücke mit gespreizten Fingern zu gleichlangen und gleichdicken Strängen von etwa 25 cm Länge rollen.
- Teigstränge miteinander verdrillen und durch Zusammendrücken zum Kreis schließen. Dabei die beiden Teigenden mit etwas Wasser befeuchten, damit sie besser kleben.

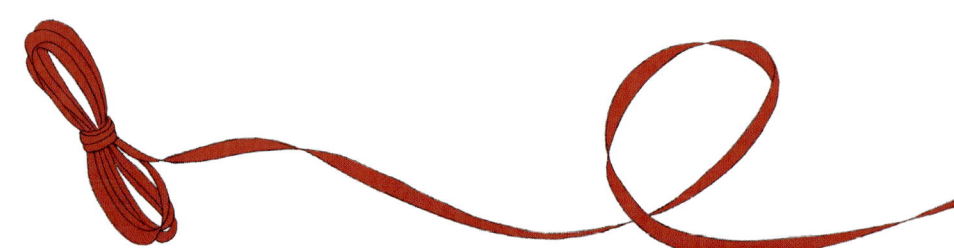

- ⊙ Für die Blattdekoration einige Teigkugeln formen und zu kleinen Blättern flachdrücken. Mit einem Zahnstocher die Blattadern einritzen und 2 oder 3 Blätter vorsichtig an der Nahtstelle des Kringels (Schauseite) anbringen. Dort mit einem Stift oder einem Essstäbchen ein Loch einstechen (siehe Illustration).
- ⊙ Weitere Kringel formen und dekorieren, bis aller Salzteig verbraucht ist.
- ⊙ Die fertigen Kringel mit der Alufolie auf ein Backblech legen und im vorgeheizten Backofen bei 180 °C (Umluft 160 °C) auf mittlerer Schiene etwa 20–25 Min. goldbraun trocknen. Die Kringel werden durch das Trocknen etwa 15 Prozent kleiner.
- ⊙ Die Salzteigkringel gut auskühlen lassen, evtl. mit Klarlack überziehen. Zum Aufhängen jeweils ein Band oder eine Kordel durch die Ösen ziehen.

TIPP

Aus dem Teig lassen sich auch andere Motive formen. Dazu den Teig ausrollen und mit Schablonen oder einem Messer Sterne, Tannenbäume oder Gesichter ausschneiden. Mit einem Zahnstocher jeweils eine Öse für die Aufhängung ausstechen. Wie oben angegeben trocknen und zum Aufhängen mit Band oder Kordel versehen.

Morgen, Kinder, wird's was geben

Weihnachtliche Fensterkekse

Ergibt etwa 35 Stück

125 g	weiche Butter
80 g	Zucker
1	Päckchen Vanillezucker
1	Prise Salz
1	Ei
250 g	Mehl
200 g	bunte Bonbons

Für die Aufhängung
dünne Kordel oder Faden

- In einer Schüssel Butter, Zucker, Vanillezucker und Salz verkneten. Ei dazugeben und Mehl unterkneten.
- Teig in Klarsichtfolie wickeln und 2 Std. im Kühlschrank ruhen lassen.
- Bonbons grob mit dem Messerrücken zerkleinern.
- Teig portionsweise aus dem Kühlschrank nehmen und auf Mehl ausrollen. Herzen, Sterne und Blüten von etwa 7 cm Durchmesser ausstechen und auf ein mit Backpapier ausgelegtes Backblech setzen. Aus der Mitte jeweils mit kleineren Ausstechern der gleichen Form (etwa 3 cm Durchmesser) wieder Herzen, Sterne und Blüten ausstechen, sodass Freiräume entstehen. Auf ein mit Backpapier ausgelegtes Blech legen. Mit einem Holzstäbchen kleine Löcher als Ösen zum Aufhängen in die Teigformen stechen.
- Restlichen Teig weiter ausrollen und große und kleine Formen ausstechen, bis kein Teig mehr übrig ist.
- Jeweils 3–4 Bonbonbruchstücke in die freie Mitte der Kekse legen und die Fensterkekse im vorgeheizten Backofen bei 200 °C (Umluft 180 °C) auf der 2. Schiene von unten etwa 10 bis 12 Min. backen.
- Fensterkekse aus dem Backofen nehmen und auf dem Blech vollständig erkalten lassen. Mit einem Teigschaber vorsichtig vom Backpapier ablösen.
- Die Fensterkekse mit Kordel versehen.

VERPACKUNGSIDEE

Zum Verschenken die Fensterkekse einzeln in Cellophantüten packen und mit einer Schleife verschließen. Sie lassen sich dekorativ an den Weihnachtsbaum hängen oder als Serviettenschmuck auf der Festtafel nutzen.

Morgen, Kinder, wird's was geben

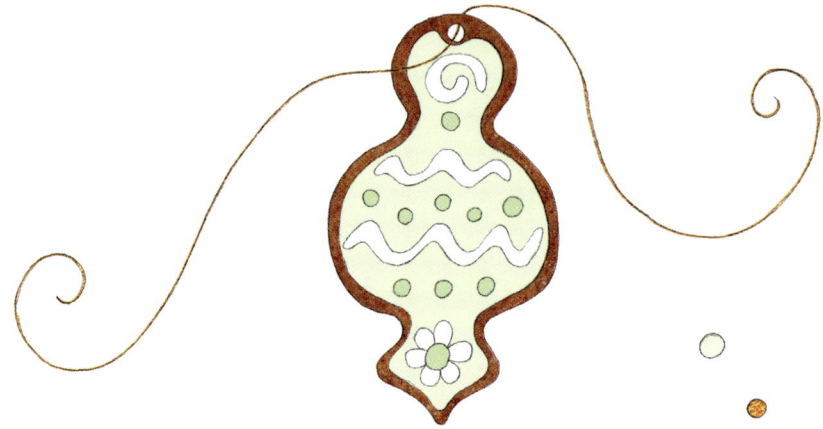

Dekorative Spindeln und Zapfen

Ergibt etwa 20 Stück

Für den Teig
- 75 g Kakaopulver
- 10 EL Wasser
- 400 g Mehl
- 200 g kalte Butter, gewürfelt
- 150 g Zucker
- 1 Prise Salz
- 1 Ei

Für die Dekoration
- 600 g Puderzucker
- Speisefarben nach Belieben
- Silberperlen

große Spindel- und Zapfenausstecher (Konditoreibedarf, Internet)

- ○ Für den Teig Kakao mit Wasser verrühren. Mehl, Butter, Zucker, Salz, Ei und Kakaobrei mit dem Knethaken kurz verkneten, dann mit den Händen schnell zu einem glatten Teig kneten. In Folie wickeln und mind. 1 Std. kühl stellen.
- ○ Teig auf einer bemehlten Arbeitsfläche 0,5 cm dick ausrollen. Spindeln und Zapfen ausstechen und auf ein mit Backpapier ausgelegtes Backblech legen.
- ○ Im vorgeheizten Backofen bei 200 °C (Umluft 180 °C) 10–12 Min. backen. Aus dem Ofen nehmen und abkühlen lassen.

- Für die Dekoration aus 100 g Puderzucker und 1–2 EL Wasser einen dicken Guss für die Umrandung verrühren. Guss in einen Gefrierbeutel füllen, eine kleine Ecke abschneiden und Ränder der Ornamente mit Guss nachziehen. Etwas trocknen lassen.
- Aus 300 g Puderzucker und 4–5 EL Wasser einen dünnen Guss verrühren und innere Fläche der Ornamente damit auspinseln. Vollständig trocknen lassen.
- Restlichen Puderzucker und 3–4 EL Wasser zu einem dicken Guss rühren. In einen Gefrierbeutel füllen, eine kleine Ecke abschneiden und feine Linien, Ranken, Blumen oder Namen auf die Ornamente spritzen und mit Silberperlen verzieren. Spindeln und Zapfen über Nacht trocknen lassen.

TIPP
Färben Sie den Guss nach Belieben zart mit Lebensmittelfarbe ein.

VERPACKUNGSIDEE
Binden Sie feine Satinbänder zum Aufhängen an die Ornamente und verpacken Sie diese einzeln in Cellophantüten.

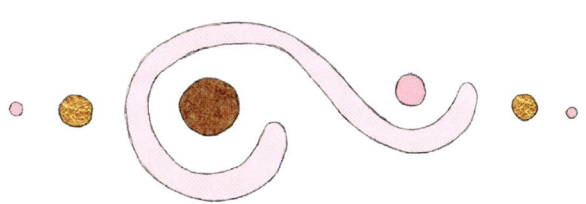

Für Oma & Opa soll's auch was geben

Worüber freuen sich die Großeltern an den Festtagen?
Ganz sicher über selbstgemachte Mitbringsel, die hübsch aussehen
und dazu noch lecker schmecken. Dabei macht's wie immer die
gute Mischung: Mal süß, mal salzig, aber immer originell.

Lavendeltaler

Ergibt etwa 80 Stück

150 g	weiche Butter
120 g	Puderzucker
1	Ei
1 TL	getrocknete Lavendelblüten (Gewürzhaus)
	abgeriebene Schale von 1 unbehandelten Orange
170 g	Mehl
1 TL	Backpulver

Für die Dekoration
1 EL getrocknete Lavendelblüten

- In einer Schüssel Butter, Puderzucker, Ei, Lavendelblüten und Orangenschale schaumig rühren.
- Mehl und Backpulver mischen, darübersieben und gut verrühren.
- Jeweils ½ TL Teig mit 1–2 cm Abstand auf ein mit Backpapier ausgelegtes Backblech setzen, einige Lavendelblüten darüberstreuen und leicht flachdrücken.
- Im vorgeheizten Backofen bei 170 °C (Umluft 150 °C) auf mittlerer Schiene backen. Sowie die Plätzchen goldbraune Ränder haben, sind sie gut.
- Lavendeltaler aus dem Ofen nehmen und sofort auf einem Kuchengitter auskühlen lassen.

VERPACKUNGSIDEE
Die Lavendeltaler halten sich bis zu 3 Wochen in einer Blechdose frisch.
Verschenkt werden können sie in einem kleinen Henkelkorb.

Salzbutter-Cookies

Ergibt etwa 60 Stück

150 g	Butter
½ TL	Fleur de Sel oder anderes Salz
25 g	Puderzucker
3 EL	Weißwein
250 g	Mehl
1	Eigelb
1 EL	Weißwein

- Butter, Salz und Puderzucker in einer Schüssel cremig rühren. Weißwein dazugeben und weiterrühren.
- Mehl löffelweise unterrühren, bis der Teig glatt und elastisch ist.
- Teig zwischen zwei Klarsichtfolien etwa 1 cm dick ausrollen. Mit einem runden Ausstecher (4 cm Durchmesser) Plätzchen ausstechen und auf ein mit Backpapier ausgelegtes Backblech geben. Eigelb mit 1 EL Wein verrühren und Plätzchen damit bestreichen.
- Im vorgeheizten Backofen bei 220 °C (Umluft 190 °C) in etwa 5–8 Min. goldbraun backen.
- Salzbutter-Cookies auf einem Kuchengitter abkühlen lassen.

Russische Zigarren in der Kiste

Ergibt etwa 60 Stück

125 g	zerlassene Butter
200 g	Zucker
1	Päckchen Vanillezucker
2	Eier
50 ml	Milch
1	Prise Salz
150 g	gesiebtes Mehl

- In einer Schüssel Butter, Zucker und Vanillezucker schaumig rühren.
- Mit Eiern, Milch und Salz zu einer cremigen Masse verrühren.
- Mehl unterziehen und 10 Min. ruhen lassen.
- Ein Backblech mit Backpapier auslegen und mit einem Esslöffel Teigkreise von ca. 10 cm formen und glatt streichen.
- Im vorgeheizten Backofen bei 180 °C (Umluft 160 °C) etwa 8–10 Min. goldgelb backen.
- Kreise mit einem Tortenspachtel vom Blech nehmen und rasch um einen Bleistift wickeln. Kurz antrocknen lassen und Bleistift entfernen. Weiter Teigkreise backen, bis der ganze Teig verbraucht ist.
- Abgekühlte Kreise, die bereits hart geworden sind, kurz zurück in den Backofen geben. So werden sie wieder weich und lassen sich aufrollen.
- Die Röllchen auf einem Kuchengitter weiter auskühlen lassen, bis sie nicht mehr kleben.

VERPACKUNGSIDEE
Zigarren in eine leere Zigarrenkiste füllen (etwa 12 x 15 cm), rote Schleife drum, fertig!

Feldhasenterrine mit grünem Pfeffer

Für eine 1-Liter-Terrinen- oder Pastetenform mit Deckel
Ergibt 8 Portionen

150 g	mageres Schweinefleisch
200 g	gebratenes Hasenfleisch
½	Zwiebel
20 g	Butter
1 TL	frische Thymianblätter
½ TL	getrockneter grüner Pfeffer, grob gestoßen
1 TL	Pastetengewürz (Gewürzhaus)
	Salz
	frisch gemahlener Pfeffer
4 EL	Rotwein
20 g	Semmelbrösel
1	Ei
100 g	durchwachsener Speck, in dünnen Scheiben

- Für den Fleischteig Schweine- und die Hälfte des Hasenfleisches mit der Zwiebel zweimal durch die feinste Scheibe des Fleischwolfs drehen.
- Fleischmasse in der Butter 5–8 Min. kräftig anbraten, Thymian, grünen Pfeffer und Pastetengewürz zugeben, mit Salz und Pfeffer kräftig abschmecken und etwa 10 Min. auskühlen lassen.
- Rotwein, Semmelbrösel und Ei unterkneten.
- Terrine mit Speckscheiben auskleiden und den Fleischteig abwechselnd mit dem gewürfelten Rest des Hasenfleisches einfüllen und mit Speckscheiben abdecken.
- Terrine ins Wasserbad stellen, wobei das Wasser bis etwa 2 cm unterhalb des Deckels reichen sollte, und bei 120 °C (Umluft 100 °C) etwa 90 Min. garen.
- Die Feldhasenterrine vor dem Servieren auskühlen lassen.

TIPP
Die Pastete schmeckt am besten, wenn sie 2–3 Tag im Voraus zubereitet wird.

Gefüllter Tannenbaum

Ergibt 1 Gebäckstück

Für den Teig
- 300 g Mehl
- 150 g Butter, in Stücke geschnitten
- 100 g Puderzucker
- 1 Ei

Für die Dekoration
- Schokoglasur
- Zuckerstreusel
- Puderzucker

Für die Füllung
- 125 ml Milch
- 1 EL Zucker
- ½ Päckchen Vanillepuddingpulver
- 2 Eiweiß
- 2 EL gesiebter Puderzucker
- 4 EL Aprikosenkonfitüre
- 100 g Kokosraspeln

1 Tannenbaumschablone (33 x 27 cm)

- Mehl in eine Schüssel sieben und rasch mit Butter, Puderzucker und Ei verkneten. Den Teig zugedeckt etwa 2 Std. kühl stellen.
- Aus Milch, Zucker und Puddingpulver nach Vorschrift einen Pudding kochen und erkalten lassen.
- Eiweiß mit dem Puderzucker steif schlagen und unter den erkalteten Pudding ziehen.
- Teig etwa 1,5 cm dick auf einer bemehlten Fläche ausrollen und mit Hilfe der Schablone 2 Tannenbäume ausschneiden. Vom Teigrest beliebige kleine Plätzchen ausstechen.
- Tannenbäume und Plätzchen auf ein mit Backpapier ausgelegtes Backblech geben und auf mittlerer Schiene im vorgeheizten Backofen bei 190 °C (Umluft 170 °C) 15–20 Min. backen.
- Einen Tannenbaum noch heiß mit der Puddingmasse bestreichen, den zweiten Tannenbaum auflegen und zusammen erkalten lassen.
- Konfitüre erwärmen, den Tannenbaum damit bestreichen und dick mit Kokosraspeln bestreuen.
- Die Plätzchen mit Schokoladenglasur überziehen und mit Zuckerstreuseln verzieren.
- Die Plätzchen mit Marmelade auf den gefüllten Tannenbaum kleben und nochmals kalt stellen.
- Den gefüllten Tannenbaum mit Puderzucker bestreuen.

TIPP
Zum Verschenken den Tannenbaum in Cellophanpapier packen und mit Schleifen versehen. Fertig!

Schoko-Sahne-Likör

Ergibt 2 Flaschen à 750 ml

6	frische Eigelb (am besten von Bio-Eiern)
200 g	Zucker
1	Päckchen Vanillezucker
250 g	Sahne
200 g	Zartbitterschokolade, grob gehackt
1 TL	löslicher Kaffee
1 TL	gemahlener Zimt
1 TL	gemahlene Nelken
1 TL	Lebkuchengewürz
700 ml	Weinbrand

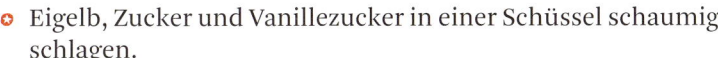

- ❂ Eigelb, Zucker und Vanillezucker in einer Schüssel schaumig schlagen.
- ❂ Sahne, Schokolade und den löslichen Kaffee unter Rühren langsam erhitzen, bis sich eine cremige Masse bildet, in die Eigelb-Zucker-Mischung geben und glatt rühren.
- ❂ Gewürze dazugeben, den Weinbrand langsam angießen und gut verrühren.
- ❂ Den Schoko-Sahne-Likör in Flaschen abfüllen und 3–5 Tage an einem kühlen Ort durchziehen lassen. Gekühlt hält sich der Likör bis zu 14 Tage.

Morgen, Kinder, wird's was geben

Alle Jahre wieder ...

Alle Geschenke sind ausgepackt, nur ein Wunsch ist für den Heiligen Abend noch frei: Eine köstliche Festtagstafel soll es geben, und zwar ganz ohne Stress am Herd!

Diesen Wunsch können Sie Ihrer Familie freudig erfüllen, mit einem raffinierten Menü. Gestalten Sie den festlichen Abend im Kreis der Lieben z. B. mit hausgemachten Wildbratwürstchen, Kartoffelsalat mit Safranvinaigrette und einem »eisgekühlten« Finale.

Dafür fallen die Tafelfreuden am 1. Feiertag mit einem großen Menü traditionell und elegant aus. Zur Freude aller Gäste ein klassisches Fünf-Gang-Menü für 8 Personen mit allem Drum und Dran. Oder mögen es lieber vegetarisch mit Pfiff? Auch Freunde fleischloser Tafelfreuden kommen an Weihnachten auf ihre Kosten.

Sie möchten etwas ganz Besonderes kredenzen und /oder verschenken? Dann schauen Sie in puncto weihnachtliche Überraschungen einfach über den eigenen Tellerrand. Wünschen Sie Ihren Lieben Joyeux Noël, Merry Christmas, Buon Natale und Prettige Kerstdagen mit Köstlichkeiten à la Homemade.

Heilig-Abend-Menü

Das stressfreie Rezept für die große Familientafel am
Heiligen Abend heißt: einfach, lecker und aber mit besonderem Kick.
Im Hinblick auf das glanzvolle Weihnachtsmenü am 1. Feiertag
allemal ein gelungener Einstieg in köstliche Feiertage.

Wildbratwürstchen

Ergibt etwa 16–18 Würstchen

700 g	Wildschweinschulter, gekühlt und gewürfelt
300 g	Schweinespeck ohne Schwarte, gekühlt und gewürfelt
25 g	Salz
1 TL	schwarzer Pfeffer, grob geschrotet
1 TL	gemahlener weißer Pfeffer
½ TL	geriebene Muskatnuss
je 1 Msp.	Majoran, Kümmelsamen und Kardamompulver
½	Knoblauchzehe, zerdrückt
1	kleines Ei
100 ml	Vollmilch
	Butter zum Braten
6 m	Wursthüllen (Saitling, beim Metzger bestellen)
	Küchentrichter oder Wurstfüllaufsatz des Fleischwolfs

- ❂ Wildschwein- und Speckwürfel durch den Fleischwolf
  (8-mm-Scheibe) drehen und in eine Schüssel geben.
- ❂ Salz, schwarzer und weißer Pfeffer, Gewürze und Knoblauch zugeben. Ei und Milch verquirlen und alles gut mit der
  Wurstmasse verkneten. Den Fleischbrei nochmals pikant
  abschmecken und sofort kühl stellen.

- Die Wursthüllen innen und außen unter fließendem kaltem Wasser gründlich reinigen.
- Jeweils 1 Wursthülle (ca. 1 m) bis 2 cm vor dem Hüllenende über den Hals des Aufsatzes bzw. Trichters schieben und einen Knoten machen.
- Die Fleischmasse in den Wurstfüllaufsatz oder in den Trichter füllen und mit Hilfe eines Kochlöffelstiels oder Holzstößels die Wursthülle daumendick und locker füllen.
- Dabei Würstchen von jeweils 25 cm Länge formen. Das Wurstende einmal drehen und dann ein weiteres Würstchen formen; so lassen sich die Würstchen am Ende besser trennen. Weiter fortfahren, bis alle Wurstmasse verbraucht ist. Würstchen sofort kühl stellen.
- Butter in einer großen Pfanne erhitzen und die Wildbratwürstchen portionsweise von allen Seiten in etwa 4–5 Min. kross braten.

TIPP
Die Bratwürstchen lassen sich auch mit durchwachsenem Rind- oder Lammfleisch herstellen und nach Belieben schärfer würzen.

Kartoffelsalat mit Safranvinaigrette

Ergibt etwa 6–8 Portionen

2 kg	festkochende Kartoffeln (z. B. Sieglinde)
1	Gurke, in dünne Scheiben gehobelt

Für die Vinaigrette

500 ml	Hühnerbrühe
½ TL	Safranfäden
50 ml	Weißweinessig
100 g	Schalotten, fein gehackt
1 TL	Meersalz
1	Prise Zucker
6 EL	Olivenöl
	Pfeffer aus der Mühle
1 Bd.	Schnittlauch, in Röllchen geschnitten

Für die Dekoration

5–6	Radieschen, in dünne Scheiben gehobelt

- ❂ Kartoffeln waschen und in der Schale weich kochen. Noch warm pellen und in dünne Scheiben geschnitten in eine Schüssel geben. Gurkenscheiben dazugeben.
- ❂ Die Brühe mit Safranfäden, Essig, Schalotten, Salz und Zucker in einem Topf kurz aufkochen und mit Öl verrühren.
- ❂ Über den Salat geben und alles vorsichtig mischen. Mit Salz und Pfeffer abschmecken und den Schnittlauch dazugeben. Den Salat etwa 30 Min. ziehen lassen.
- ❂ Zum Servieren den Kartoffelsalat mit Safranvinaigrette mit den Radieschenscheiben dekorieren.

Spekulatius-Eis

Für 8–10 Glasförmchen mit Deckel à 150 ml

100 g	Spekulatiusgebäck, grob gehackt
3 EL	Rum
4	frische Eigelb (am besten von Bio-Eiern)
100 g	Zucker
500 g	frischer Ricotta
	abgeriebene Schale von 1 unbehandelten Orange
350 ml	Sahne
1 Msp.	Salz

- Spekulatiusgebäck und Rum vermischen und etwa 5 Min. marinieren.
- Eigelb und Zucker schaumig aufschlagen. Esslöffelweise das marinierte Spekulatiusgebäck unterheben.
- Ricotta durch ein feines Sieb streichen, Orangenschale unterrühren und nach und nach Spekulatiusmischung dazugeben.
- Sahne und Salz sehr steif schlagen und unter die Ricotta-Spekulatius-Mischung ziehen.
- Die Masse auf 8–10 Glasförmchen verteilen und diese fest verschließen.
- Mindestens 4 Std. tiefkühlen.
- Das Spekulatius-Eis etwa 30 Min. vor dem Servieren antauen lassen und in den Glasförmchen servieren.

Festtagsessen am 1. Feiertag

für 8 Personen

Ein weihnachtliches Fünf-Gang-Menü beginnt traditionell mit einem Aperitif. Er entspannt Gastgeber und Gäste und verbreitet Lust auf die traditionelle Festtagsgans und ihre köstlichen Begleiter. Vor das große Tortenfinale hat das Christkind dieses Jahr einen kühlenden Drink gesetzt, um auch dem Magen zwischendurch eine kleine Pause zu gönnen.

Christmas-Cocktail

Für 8 Sektschalen

150 ml	weißer Rum
15 cl	Zitronensaft
6	Eiswürfel
6 TL	Zimtsirup

Eiswürfel

- ❂ Rum, Zitronensaft und Eiswürfel in einen Shaker geben. Zimtsirup zugeben und kräftig schütteln.
- ❂ Den Christmas-Cocktail durch ein Sieb in gut gekühlte Sektschalen geben und jeweils 2–3 Eiswürfel dazugeben.

Alle Jahre wieder ...

Rote-Bete-Carpaccio

Ergibt 8 Portionen

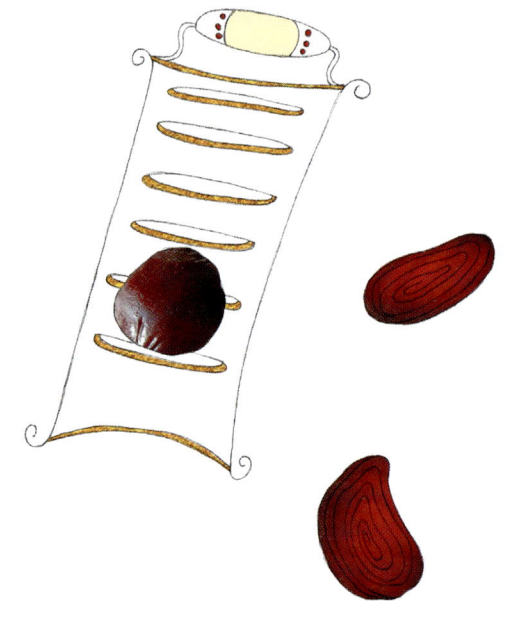

1 kg Rote Bete, gegart
(vakuumverpackt im Kühlregal)

Für das Dressing
1 Schalotte, fein gewürfelt
2 EL Gemüsebrühe
4 EL Apfelessig
8 EL Olivenöl
Fleur de Sel oder Meersalz
grob geschroteter Pfeffer

Für die Dekoration
2 EL Basilikum, fein gehackt
2 EL glatte Petersilie, fein gehackt

- Rote Bete in sehr feine Scheiben hobeln und fächerförmig auf Tellern anrichten.
- Für das Dressing Schalottenwürfel, Brühe, Essig und Olivenöl mit dem Pürierstab kurz aufschlagen, mit Fleur de Sel und Pfeffer abschmecken und über das Carpaccio träufeln.
- Zum Servieren das Rote-Bete-Carpaccio mit Basilikum und Petersilie dekorieren.

TIPP
Als ausgefallene Dressingvariante eignen sich auch Granatapfelessig und das exquisite Arganöl, die besonders gut mit Roten Beten harmonieren.

Karamellisiertes Rotkraut mit Äpfeln und Maronen

Ergibt 8 Portionen

2 kg	Rotkraut, in feine Streifen geschnitten
500 ml	Rotwein
500 ml	Apfelsaft
3–4 EL	Johannisbeergelee
150 g	Preiselbeeren (aus dem Glas)
4 EL	Rotweinessig
1 EL	Lebkuchengewürz
4	säuerliche Äpfel, in Spalten geschnitten und entkernt
100 g	Maronen (vorgekocht)
30 g	Butter

- Rotkraut in einen großen Topf geben und Rotwein, Apfelsaft, Johannisbeergelee, Preiselbeeren, Rotweinessig und Lebkuchengewürz dazugeben. Zum Kochen bringen und etwa 30 Min. bei mittlerer Hitze garen.

- Rotkraut vom Feuer nehmen. Etwa 150 ml Saft in eine Pfanne abgießen und sirupartig einkochen. Den fertigen Sirup beiseite stellen. Rotkraut auf den Herd zurückstellen. Apfelspalten und Maronen zugeben, umrühren und bei geringer Hitze 40 Min. weiterdämpfen.

- Restliche Flüssigkeit vom Rotkraut in die Pfanne geben und erneut etwa 3 Min. bei starker Hitze einkochen.

- Butter unter das Rotkraut geben, Sirup untermengen und so lange unter Rühren erhitzen bis der Sirup zu karamellisieren beginnt.

- Das karamellisierte Rotkraut mit Äpfeln und Maronen heiß zu der Festtagsgans servieren.

Alle Jahre wieder ...

Honiggans mit Pfefferkuchen und roten Birnen

Ergibt 8 Portionen

> 1 küchenfertige Gans (etwa 5 kg)
> Salz und Pfeffer

Für die Füllung
> 700 g Zwiebeln, grob gehackt
> 400 g Pfeffer- oder Lebkuchen, klein geschnitten
> 3 Äpfel, klein gehackt
> 2 Bund frischer Majoran, gezupft
> Salz und Pfeffer
> 4 EL Lavendelhonig
>
> Zahnstocher
> Küchengarn

Für die Beilagen
> 8–12 Birnen mit Stiel (z. B. Williams Christ)
> 1 Flasche Portwein (750 ml)
> 250 ml Rote-Bete-Saft
> 500 g Zucker
> 2 Zimtstangen
> 5 Anissterne
> 3 Kardamomkapseln
> 1 l Wasser

Für die Sauce
> 1 Flasche Cidre (750 ml)
> 750 ml Wasser

- Gans innen und außen kalt abspülen. Mit Küchenkrepp trockentupfen, innen und außen salzen und pfeffern.
- Für die Füllung Zwiebeln, Pfefferkuchen, Äpfel und Majoran in einer Schüssel gut vermengen und mit Salz und Pfeffer abschmecken. Die Gans damit füllen und mit Zahnstochern und Küchengarn schließen.

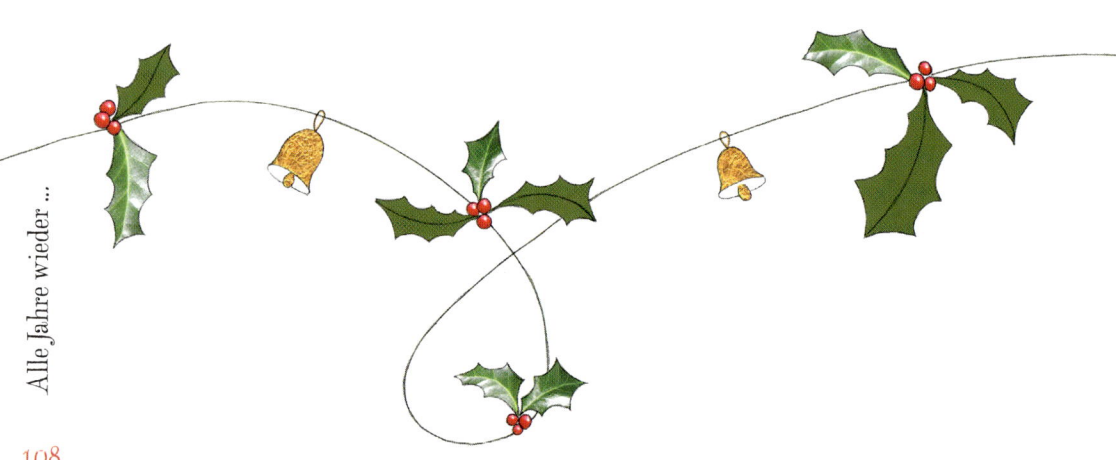

- Die gefüllte Gans rundherum mit Honig bestreichen und mit der Brustseite auf die Fettfangschale des auf 200 °C (Umluft 180 °C) vorgeheizten Backofens legen.
- Cidre und Wasser angießen und die Gans 90 Min. braten. Wenden und weitere 60 Min. garen. Während der Bratzeit alle 30 Min. das Fett abschöpfen. Während der letzten 30 Min. die Gans bei 225 °C (Umluft 190 °C) knusprig braten.
- Birnen dünn schälen, Stiele nicht entfernen. Portwein, Rote-Bete-Saft, Zucker und Gewürze in einem großen, flachen Topf zusammen mit dem Wasser aufkochen. Birnen hineinsetzen, sodass sie ganz bedeckt sind, und 20 Min. bei geringer Hitze köcheln. Birnen bis zum Servieren im Sud ziehen lassen.
- Gans nach Ende der Bratzeit dick in Alufolie einpacken und ca. 10 Min. ruhen lassen. Währenddessen Bratenfond nochmals entfetten, in einem Topf leicht einkochen und mit Salz und Pfeffer abschmecken. Heiß stellen.
- Zum Servieren die Honiggans mit Pfefferkuchen auf eine vorgewärmte Platte geben, die Birnen dekorativ um die Gans anrichten und die heiße Sauce dazu reichen.

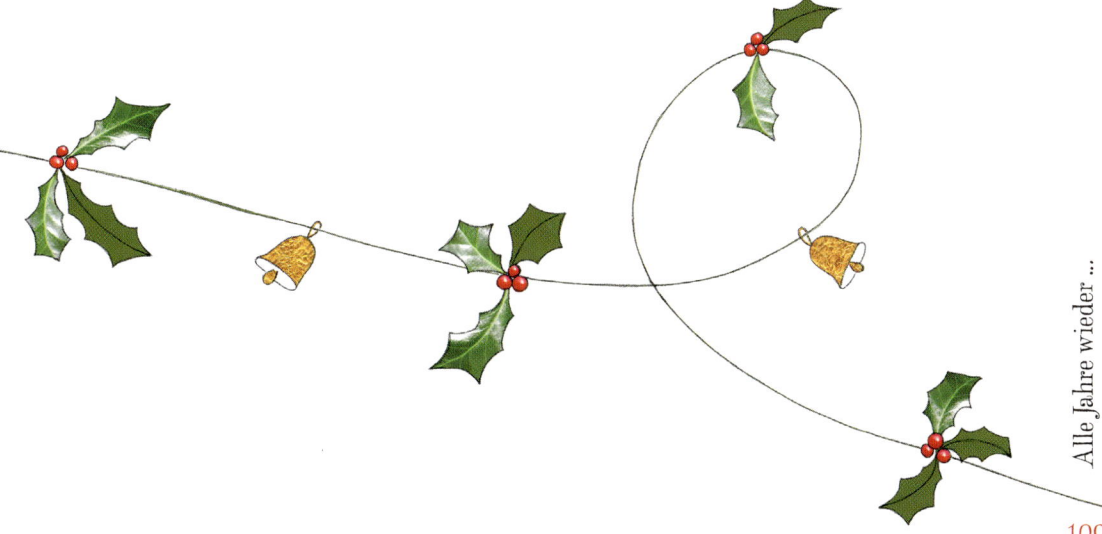

Alle Jahre wieder ...

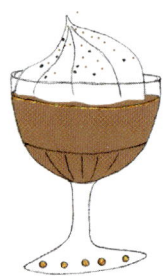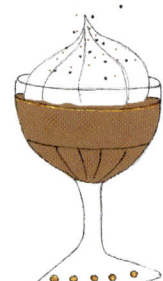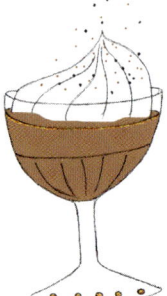

Mokka-Flip

Ergibt 8 Portionen

	8	Eiswürfel, zerstoßen
	2	Tassen Mokka oder Espresso, frisch gebrüht
4 EL		Sahne
	4	Eigelb (am besten von Bio-Eiern)
4 EL		Zucker
400 ml		Maraschino
400 ml		Kakaolikör (z. B. Crème de Cacao)

Für die Dekoration

4 EL	geschlagene Sahne
2	Prisen Mokkapulver

- ☞ Eis in einen großen Shaker oder Mixer füllen, Mokka, Sahne, Eigelb, Zucker, Maraschino und Crème de Cacao dazugeben.
- ☞ Kräftig durchmengen und in Gläser abseihen.
- ☞ Zum Servieren den Mokka-Flips jeweils einen Sahnetupfen aufsetzen und mit Mokkapulver bestreuen.

Alle Jahre wieder ...

Orangenmousse–Torte

Ergibt 14 Stück

500 g	dunkler Biskuitboden
	(3-schichtig, Fertigprodukt)
4	unbehandelte Orangen
220 g	Zucker
300 g	weiße Kuvertüre
5 Blatt	weiße Gelatine
2	Eier
4	Eigelb
4 EL	Orangenlikör
400 g	Sahne
4	Eiweiß

Für die Dekoration

1	Spritzbeutel
1	große Sterntülle

- ☺ Biskuitböden auf 18 cm Durchmesser, am besten mit einer Backpapierschablone, verkleinern und die Teigreste aufheben.
- ☺ Schale von 3 Orangen abreiben und alle Orangen auspressen (350 ml). 200 ml Saft, 20 g Zucker und Orangenschale in etwa 15 Min. auf die Hälfte einkochen.
- ☺ Kuvertüre im Wasserbad (max. 30 °C) langsam schmelzen. Die Gelatine nach Vorschrift in Wasser einweichen.
- ☺ Eier, Eigelb und 3 EL Likör in einen Topf geben und im Wasserbad zu einer dicklichen Crème schlagen. Die ausgedrückte Gelatine und den eingekochten Orangensaft dazugeben und gut verrühren. Die Kuvertüre unterziehen und alles abkühlen lassen.
- ☺ Sowie die Mousse erkaltet, aber noch nicht schnittfest ist, Sahne steif schlagen und unterziehen.
- ☺ Restlichen Orangensaft mit 1 EL Likör vermischen.
- ☺ Einen Tortenboden in eine Springform oder einen Tortenring geben und mit 5 EL Orangenlikörmischung beträufeln. $^1/_3$ der Mousse darauf geben und glatt streichen. Mit dem zweiten Boden ebenso verfahren. Aus den Teigresten einen dritten Boden legen, beträufeln und mit Mousse bestreichen.
- ☺ Den letzten Boden auflegen, die Form mit Frischhaltefolie abdecken und über Nacht kühl stellen.
- ☺ Eiweiß steif schlagen und löffelweise 200 g Zucker zugeben, bis eine steife Baisermasse entstanden ist.
- ☺ Die Torte mit $^2/_3$ der Baisermasse bestreichen. Den Rest der Masse in einen Spritzbeutel mit großer Sterntülle geben und die Torte ringsum damit garnieren.
- ☺ Backofengrill auf 200 °C erwärmen und die Orangenmousse-Torte kurz überbräunen. Sofort servieren.

Alle Jahre wieder ...

Festtagsessen am 1. Feiertag – vegetarische Variante

für 8 Personen

Tomatenconsommé mit Zucchinisternen

Ergibt 8 Portionen

1,2 kg	reife Tomaten, geviertelt
300 g	Schalotten, fein gehackt
4 EL	Olivenöl
80 ml	Weißwein
	Salz & Pfeffer aus der Mühle
2 TL	Honig
300 g	Zucchini, geschält

Für die Dekoration
1   kleiner Sternausstecher

- Tomaten und Schalotten in einem Topf mit Olivenöl bei geringer Hitze anschwitzen.
- Mit Weißwein ablöschen und mit Salz, Pfeffer und Honig abschmecken.
- Den Tomatensud abkühlen lassen und durch ein Haarsieb oder ein Passiertuch geben.
- Zucchini längs in 0,5 cm dicke Scheiben schneiden. Mit dem Ausstecher Sterne ausstechen und zur Tomatenconsommée geben. Bei geringer Hitze in etwa 15 Min. garen.
- Die Tomatenconsommée mit Zucchinisternen vor dem Servieren noch einmal mit Salz und Pfeffer abschmecken.

Alle Jahre wieder ...

Crêpes mit Mandelspinat

Ergibt 8 Portionen

Für die Füllung

4	Schalotten, fein gewürfelt
60 g	Butter
750 g	Spinatblätter, geputzt, ohne Stiel
2 EL	Crème fraîche
	Salz
½ TL	frisch gemahlener weißer Pfeffer
½ TL	frisch gemahlene Muskatnuss

Für den Teig

75 g	Mehl
2	Eier
4	Eigelb
150 ml	Mineralwasser (mit Kohlensäure)
125 g	Sahne
1	Prise Salz
75 g	Mandelstifte
30 g	Butterschmalz
50 g	frisch geriebener Parmesan

- Schalotten in einem Topf in der Butter glasig dünsten, Spinat dazugeben und so lange mitdünsten, bis alle Flüssigkeit verdampft ist.
- Crème fraîche dazugeben, mit Salz, Pfeffer und Muskat kräftig würzen und warm halten.
- Für die Crêpes Mehl in eine Schüssel sieben, Eier, Eigelb, Mineralwasser und Sahne dazugeben, verquirlen und mit 1 Prise Salz würzen. Etwa 5 Min. ruhen lassen.
- Mandelstifte ohne Fett in einer Pfanne goldgelb rösten und auf einem Teller auskühlen lassen.
- Jeweils 1 TL Butterschmalz in die Pfanne geben und erhitzen und nacheinander 8 dünne Crêpes backen.
- Crêpes mit Spinatfüllung bestreichen, geröstete Mandelstifte darüber streuen und Crêpes zusammenrollen. In eine flache Form geben. Parmesankäse darüber streuen und unter dem Grill etwa 3–5 Min. überbacken.
- Crêpes mit Mandelspinat können warm oder kalt serviert werden.

Honig-Ingwer-Parfait mit Rosmarinfeigen

Ergibt 8 Portionen

Für das Parfait
- 20 g Amarettini-Kekse
- 100 g Butterkekse
- 80 g Butter
- 35 g geriebener Ingwer
-   Mark von 1 Vanilleschote
- 75 ml Apfelsaft
- 40 g Zucker
- 4 Eigelb
- 1 Prise Salz
- 50 g flüssiger Honig
- 150 g Sahne

Für die Pfeffer-Honig-Marinade
- 1 EL schwarze Pfefferkörner, zerstoßen
- ½ EL Rosmarinnadeln, fein geschnitten
- 100 g flüssiger Honig
- 2 EL Zitronensaft
-   Mark von 1 Vanilleschote

Für die Rosmarinfeigen
- 40 g Butter
- 2 EL Zitronensaft
- 30 g Zucker
- 1 Rosmarinzweig (5–6 cm)
- 4 frische Feigen, geviertelt

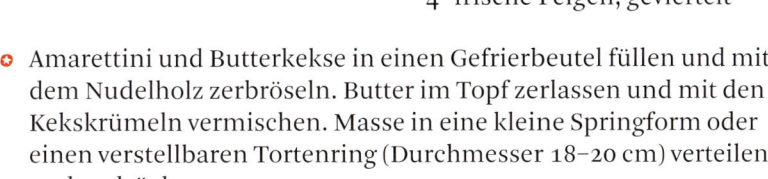

- ☙ Amarettini und Butterkekse in einen Gefrierbeutel füllen und mit dem Nudelholz zerbröseln. Butter im Topf zerlassen und mit den Kekskrümeln vermischen. Masse in eine kleine Springform oder einen verstellbaren Tortenring (Durchmesser 18–20 cm) verteilen und andrücken.
- ☙ Ingwer, Vanillemark, Apfelsaft und Zucker zu einem Sirup einkochen.
- ☙ Eigelb mit Salz und Honig mit der Küchenmaschine aufschlagen, bis eine cremige, dickliche Masse entsteht. Heißen Apfelsirup kurz unterrühren und die Masse im kalten Wasserbad mit dem Schneebesen kalt schlagen.
- ☙ Sahne steif schlagen und unter die Eiermasse heben. Auf dem Kekskrümelboden verteilen, glatt streichen und über Nacht einfrieren.
- ☙ Für die Pfeffer-Honig-Marinade Pfeffer, Rosmarinnadeln, Honig, Zitronensaft und Vanillemark gut vermischen und beiseite stellen.
- ☙ Für die Rosmarinfeigen Butter, Zitronensaft, Zucker und Rosmarinzweig in eine große Pfanne geben und kurz erhitzen. Feigen mit der Schnittfläche nach unten hineinsetzen und bei geringer Hitze 3–4 Min. garen, dabei einmal wenden. Vom Feuer nehmen und abkühlen lassen.
- ☙ Das gefrorene Parfait mit einem feuchten Messer vom Rand und vorsichtig aus der Form lösen.
- ☙ Honig-Ingwer-Parfait mit Rosmarin-Feigen und -Zweig dekorieren, mit Pfeffer-Honig-Marinade beträufeln und kalt servieren.

Merry Christmas

In aller Welt wird das Weihnachtsfest mit kulinarischen Glanzlichtern gefeiert. Wer also an den Feiertagen aus dem Schatz internationaler Spezialitäten schöpfen möchte, hat die Qual der Wahl unter den berühmten Klassikern edlen Naschwerks.

Geeister Cheesecake (USA)

Für eine 1,5-l-Ring- oder Kastenform
Ergibt 10–12 Portionen

250 g	Mascarpone
500 g	Sahnequark
150 g	Puderzucker
250 g	TK-Erdbeeren
150 g	kandierte Erdbeeren, fein gehackt

Für die Dekoration

10	frische Erdbeeren
	Puderzucker

- Mascarpone, Sahnequark und Puderzucker aufschlagen.
- Die gefrorenen Erdbeeren im Mixer zerkleinern und rasch zusammen mit den kandierten Erdbeeren zur Quarkmischung geben.
- Die Masse in die Form geben, Oberfläche glatt streichen und mit Frischhaltefolie verschließen. Mindestens 4 Std., am besten jedoch über Nacht im Tiefkühlfach kühlen.
- Form herausnehmen, Frischhaltefolie entfernen und etwa 30 Min. antauen lassen. Evtl. kurz in heißes Wasser stellen und auf eine Platte stürzen.
- Cheesecake vor dem Servieren mit den frischen Erdbeeren dekorieren und mit Puderzucker überstäuben.
- Zum Servieren den geeisten Cheesecake mit einem feuchten, scharfen Messer in Portionen schneiden.

Buchstabenkuchen (Holland)

Ergibt etwa 15 Buchstaben

Für den Teig
- 400 g TK-Blätterteig, Rechteckform
- 200 g Marzipan
-     1 Eigelb

Für die Dekoration
- 1 EL Mohn
-        Puderzucker

- ⟳ Den ausgerollten Blätterteig so übereinander legen, dass er in 2 cm dicke und 4 cm breite Teigstreifen geschnitten werden kann.
- ⟳ Marzipan verkneten, zur Rolle (1,5 cm ø) formen und auf die Teigstreifen geben. Den Teig um die Marzipanrollen wickeln und die Ränder mit Wasser einstreichen. Die Rolle fest zusammendrücken.
- ⟳ Jeweils 10 cm lange Stücke abschneiden und daraus Buchstaben formen. Zusammengesetzte Buchstaben an den Nahtstellen gut zusammendrücken.
- ⟳ Buchstaben auf ein mit Backpapier ausgelegtes Backblech geben und mit Eigelb bestreichen. Mohn darüberstreuen und im vorgeheizten Backofen bei 200 °C (Umluft 180 °C) etwa 15–20 Min. backen.
- ⟳ Buchstaben herausnehmen und auf einem Kuchengitter auskühlen lassen.
- ⟳ Den Holländischen Buchstabenkuchen vor dem Servieren mit Puderzucker bestäuben.

Croquembouche (Frankreich)

Für 1 Torte

Für den Teig
200 g Mehl
100 g Butter
375 ml Wasser
6 Eier, verquirlt

Für die Dekoration
500 g Zucker
250 ml Wasser

1 Spritzbeutel

Für die Füllung
375 ml Milch
1 Vanilleschote,
längs halbiert
3 Eigelb
60 g Zucker
2 EL Mehl
60 ml Orangenlikör
(z. B. Grand Marnier)
375 ml Sahne

- Mehl 2–3 Mal durchsieben. Butter und Wasser in einem großen Topf bei mittlerer Hitze unter Rühren zum Kochen bringen. Vom Herd nehmen und das Mehl zügig mit einem Holzlöffel einrühren.
- Topf wieder auf das Feuer stellen und weiterrühren, bis sich der Teig vom Topfboden löst. In ein sauberes Gefäß umfüllen und etwas abkühlen lassen.
- Nach und nach jeweils etwa 3 EL der verquirlten Eier kräftig unterrühren. Der Teig sollte glänzen und schwer vom Löffel fallen.
- Drei Backbleche mit Wasser besprengen. Von der Teigmasse 8 Bällchen von etwa 2 EL Menge mit etwa jeweils 3 cm Abstand auf das Backblech setzen. Den restlichen Teig zu kleineren Bällchen in verschiedenen Größen formen und auf die Backbleche setzen. Die kleinsten sollten aus 1 TL Teig geformt sein.
- Bällchen mit etwas Wasser besprühen und im vorgeheizten Backofen bei 220 °C (Umluft 190 °C) in 20–30 Min. goldbraun backen.
- Die fertigen Windbeutel herausnehmen, in jeden Boden ein kleines Loch stechen und bei 180 °C (Umluft 160 °C) weitere 5 Min. im Backofen trocknen lassen.
- Für die Füllung Milch und Vanilleschote bis fast zum Siedepunkt erhitzen. Vanilleschote herausnehmen, das Mark herauskratzen und zur Milch geben. Etwas abkühlen lassen.
- In einem Topf Eigelb, Zucker und Mehl zu einer hellen, festen Masse verrühren. Abgekühlte Milch nach und nach unterrühren und bei mittlerer Hitze unter Rühren aufkochen.

- Vom Feuer nehmen, Orangenlikör unterrühren und die Pudding-masse vollständig abkühlen lassen.
- Sahne steif schlagen und den abgekühlten Pudding unterziehen. Creme in einen Spritzbeutel füllen und durch die kleine Öffnung in die Windbeutel füllen.
- Für die Dekoration 500 g Zucker mit 250 ml Wasser in einem Topf bei geringer Hitze auflösen, bis sich der Karamell dunkel färbt. Anschließend Hitze reduzieren.
- Die 8 großen gefüllten Windbeutel jeweils mit den Seiten in den Karamell tauchen und zu einem geschlossenen Kreis zusammen-kleben.
- Mit den nächst größeren Bällchen ebenso verfahren und darüber-setzen. Zum Schluss die kleinsten Windbeutel pyramidenförmig aufkleben.
- Zwei Gabeln in den restlichen Karamell tauchen. Die Gabel-rücken aneinander reiben, bis der Karamell klebt. Vorsichtig auseinanderziehen und die feinen Fäden kreuz und quer um die Windbeutelpyramide legen.
- Fortfahren, bis aller Karamell verbraucht ist und ein feines Fadennetz entstanden ist.
- Croquembouche bis zum Servieren an einen kühlen Ort (nicht in den Kühlschrank) stellen.

TRANSPORTIDEE
Croquembouche auf eine flache Servierplatte setzen und in einem tiefen Karton transportieren.

Alle Jahre wieder …

Plumpudding im Glas (England)

Für 4 ofenfeste Gläser à 500 ml mit Deckel (z. B. Einmachgläser)

100 g	Korinthen	70 g	Kandisfarin oder
250 g	kernlose Sultaninen		dunkler Rohrzucker
125 g	Trockenpflaumen	4	Eier
	ohne Stein, gewürfelt		Saft und abgeriebene Schale
6 EL	Cognac		von ½ ungespritzten Zitrone
200 g	geschälte Äpfel,		Saft und abgeriebene Schale
	grob geraspelt		von 1 ungespritzten Orange
100g	Orangeat	¼ TL	Nelkenpulver
100 g	Zitronat	1 Msp.	Ingwerpulver
100 g	Butter	1 TL	Zimt
100 g	Paniermehl	1 Msp.	Muskat
100 g	Mehl	1 Msp.	weißer Pfeffer
100 g	Haselnüsse, gemahlen		

Für die Formen
- 2 EL weiche Butter
- 2 EL Paniermehl

Für die Dekoration
- 40 g Mandelkerne, geschält

Für die Präsentation
- je 1 Tannen- oder Ilexzweig
- 4 Stückchen Kandiszucker
- 2 EL Rum (54 %)

- ⚙ Korinthen und Sultaninen kurz mit heißem Wasser überbrühen und im Sieb abtropfen.
- ⚙ In einer Schüssel Backpflaumenwürfel mit Korinthen und Sultaninen in 6 EL Cognac etwa 15 Min. ziehen lassen. Apfelraspeln, Orangeat und Zitronat dazugeben. Butter und Paniermehl unterkneten.

- Mehl und gemahlene Haselnüsse mischen, braunen Zucker zugeben.
- Mehl- und Fruchtmischung mit den Eiern vermengen. Zitronen- und Orangensaft und abgeriebene Schalen dazugeben.
- Mit Nelken- und Ingwerpulver, Zimt, Muskat und Pfeffer würzen.
- Glasformen fetten und mit Paniermehl ausstreuen. Die Puddingmasse zu $^2/_3$ einfüllen, mit den Mandelkernen dekorieren und die Gläser verschließen.
- Gläser in eine Auflaufform stellen und auf die unterste Schiene des Backofens stellen. Form etwa 4 cm mit heißem Wasser füllen.
- Pudding im vorgeheizten Backofen bei 180 °C (Umluft 160 °C) etwa 90 Min. garen.
- Plumpudding aus dem Wasserbad nehmen und etwa 5 Min. abkühlen lassen. Deckel abnehmen. Rand evtl. mit einem Messer lösen und Pudding auf jeweils einen Teller stürzen.
- Zum Servieren einen kleinen Tannen- oder Ilexzweig in die Mitte des Plumpuddings stecken, Kandisstückchen auf die Oberseite legen, mit Rum begießen und vorsichtig anzünden.

TRANSPORTTIPP
Zum Mitnehmen wird der Plumpudding in die gesäuberte Glasform zurückgegeben und erst vor Ort dekoriert, mit Rum begossen und angezündet.

Alle Jahre wieder …

Panettone (Italien)

Ergibt 2–3 Kuchen

150 g	weiche Butter
150 g	Zucker
1 TL	Salz
150 ml	lauwarme Milch
650 g	Mehl
3	Eier, verquirlt
3	Eigelb
50 ml	lauwarmes Wasser
1	Würfel frische Hefe (42,5 g)
25 g	Walnusskerne, gehackt
25 g	Mandelstifte

150 g	gemischte Trocken- oder kandierte Früchte, gehackt (z. B. Feigen, Kirschen, Aprikosen, Cranberrys, Ingwer)
50 g	Korinthen
3 EL	gehackte Pistazienkerne
1 TL	Anis
	abgeriebene Schale von 1 unbehandelten Zitrone
1	Päckchen Vanillezucker

2–3	Blumentöpfe aus Ton (12 cm Höhe, 15 cm ø)

Für die Dekoration

1	Eigelb, mit 1 EL Wasser verquirlt
25 g	Hagelzucker
	Mandelstifte
	kandierte Kirschen oder Cranberrys

- Butter, Zucker und Salz in der lauwarmen Milch verrühren.
- Nacheinander Mehl, Eier, Eigelb und die in lauwarmem Wasser aufgelöste Hefe dazugeben und gut verrühren. Der Teig muss schwer vom Löffel fallen.

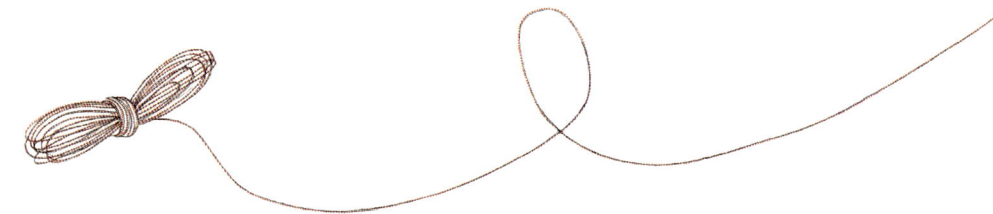

- Abgedeckt an einem warmen Ort in etwa 60 Min. aufs Doppelte aufgehen lassen.
- Nochmals gut durchrühren, Walnüsse und Mandelstifte, Trockenfrüchte, Korinthen, Pistazienkerne, Anis, Zitronenschale und Vanillezucker unterrühren.
- Tontöpfe (gewässert) mit Backpapier auslegen und zu zwei Dritteln mit dem Teig füllen. Zugedeckt nochmals etwa 30-40 Min. aufgehen lassen. Mit Eigelb bestreichen und jeden Panettone mit Hagelzucker, Mandelstiften und ½ Belegkirsche dekorieren.
- Panettone im vorgeheizten Backofen bei 190 °C (Umluft 170 °C) auf der unteren Schiene etwa 30–40 Min. goldbraun backen.
- Sowie der Teig oben braun ist, die Backofentür halb offen lassen und weiterbacken. So fällt der Panettone nach dem Ende der Backzeit nicht zusammen.
- Den fertigen Panettone herausnehmen und noch 10 Min. in der Form auskühlen lassen. Aus der Form lösen und auf einem Küchengitter erkalten lassen.

TIPP
Zum Verschenken den (oder die) Panettone wieder in den Topf geben, in Backpapier einschlagen, mit Küchengarn zubinden und noch einen Tannenzweig daranstecken.

Prost Neujahr!

Neues Jahr – neues Glück! Der Jahreswechsel ist traditionell ein Anlass für fröhliche Runden. Ob Silvesterdinner mit Motto, Silvesterparty, Neujahrsbrunch oder Kaffeekränzchen am Dreikönigstag: Besondere Festtagsmitbringsel sind immer willkommen.

Wie wäre es mit dem originalen Vier-Gang-Menü zum Silvester-Kultfilm »Dinner for One«? Bis zum frühen Morgen mithalten können auch köstliche Mitbringsel wie Kichererbsensalat, Lammbällchen mit Chili und Koriander, Veggie-Sushi oder eine weiße Kaffeemousse mit Burgunderpflaumen.

Sie sind zum Neujahrsbrunch eingeladen? Wie wäre es mit Neujahrszopf mit Mohn, Karotten-Kreuzkümmel-Terrine oder frischer Mandarinen-Joghurt-Creme für 10 Personen?

Die letzte Chance, das neue Jahr kulinarisch zu begrüßen, haben Sie am Dreikönigstag. Wenn Sie zum Kaffeekränzchen eine französische Galette des Rois mitbringen, können Sie sich – mit etwas Glück – in der fröhlichen Runde die begehrte Krone aufsetzen.

Silvestermenü aus »Dinner for One«

für 8 Personen

Ein Silvesterabend ohne »Dinner for One« ist wie Weihnachten
ohne Geschenke. Das originale 4-Gang-Menü aus dem legendären
TV-Streifen dagegen schmeckt nach gelungenem Dinner,
bevor das neue Jahr mit Böllern bejubelt wird.

Mulligatawny Soup (1. Gang)
Geflügelsuppe mit Curry
Ergibt 8 Portionen

3 EL	Kokosfett	½	Lauchstange, in Ringen geschnitten
1 kg	Hähnchenbrust, in Streifen geschnitten	½	Mango, geschält und gewürfelt
4	Schalotten, fein gehackt	1	kleiner Apfel, geputzt und gewürfelt
1	mittelgroße Karotte, gewürfelt		

- In einer großen Pfanne Kokosfett zerlassen und nacheinander Hähnchenbruststreifen, Schalotten, Karottenwürfel und Lauchringe anbraten.
- Mango-, Apfel- und Ananaswürfel, Chilischote, Ingwer und Currypaste dazugeben.
- Hühnerbrühe angießen und bei geringer Hitze etwa 15 Min. leicht köcheln.
- Hähnchenfleisch herausnehmen und beiseite stellen.

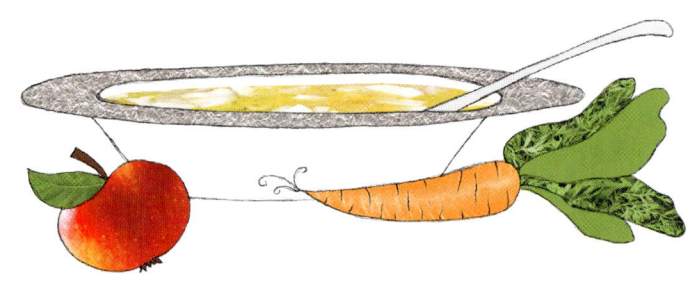

50 g	frische Ananas, gewürfelt	750 ml	Hühnerbrühe
1	rote Chilischote, halbiert und entkernt	200 ml	trockener Weißwein
		100 g	Sahne
50 g	frischer Ingwer, geschält und gerieben	100 g	Kokosmilch
		3 EL	Zitronensaft
2 TL	Currypaste (Asialaden)		Salz
			frisch gemahlener Pfeffer
		½ TL	Zucker

- Weißwein, Sahne und Kokosmilch zur Suppe geben und einmal kräftig pürieren. Suppe durch ein Sieb passieren und mit Zitronensaft, Salz, Pfeffer und Zucker würzen.
- Hähnchenfleisch dazugeben und langsam erwärmen.
- Mulligatawny Soup heiß servieren.

TIPP
Hierzu serviert James Sherry.

North Sea Haddock (2. Gang)

Nordseeschellfisch mit Senfsauce
Ergibt 8 Portionen

Für den Fisch
  1 kg Schellfischfilet oder Kabeljau
  2 EL Meersalz
        Saft von 2 Limetten
    1 l Fischfond
  1 TL geriebene Muskatblüte
        (Gewürzladen)

Für die Sauce
 100 g Dijonsenf
 100 g Butter, zerlassen
        Meersalz
        frisch gemahlener Pfeffer

- Das Schellfischfilet salzen, mit dem Limettensaft beträufeln und 30 Min. marinieren lassen.
- Fischfond und Muskatblüte aufkochen und das marinierte Schellfischfilet hineingeben. Etwa 10 Min. bei geringer Hitze ziehen lassen. 100 ml Fond zur weiteren Verwendung aufheben.
- Für die Sauce Senf und Butter in einem Topf mit dem Schneebesen verrühren. Den aufgehobenen Fischfond angießen und mit Salz und Pfeffer abschmecken.
- Zum Servieren den Nordseeschellfisch auf eine Platte geben und die Sauce separat reichen.

TIPP
Hierzu serviert James Weißwein.

Chicken with Champagne (3. Gang)

Brathähnchen
Ergibt 8 Portionen

3	mittelgroße Brathähnchen
	Salz
	frisch gemahlener Pfeffer
2 EL	edelsüßer Paprika
	Küchengarn

- Brathähnchen waschen und trockentupfen. Außen mit Salz, Pfeffer und Paprika würzen, innen nur mit Salz und Pfeffer.
- Flügel und Schenkel mit Küchengarn fest an den Körper binden. Die Hähnchen auf ein tiefes Backblech setzen und im Backofen bei 220 °C (Umluft 180 °C) in etwa 60–70 Min. rundherum knusprig braun backen.
- Zwischendurch die Hähnchen mit dem Bratensaft begießen.
- Zum Servieren die heißen Hähnchen auf eine vorgewärmte Platte legen und in 6–8 Teile tranchieren.

TIPP
Hierzu serviert James Champagner.

Fruit (4. Gang)

Obst(salat)
Ergibt 8 Portionen

je 2	Äpfel, Birnen, Mandarinen, Bananen etc.
20–25	Eiswürfel (aus dem Eisfach)

- Alle Früchte in einer Glasschüssel anrichten. Vor dem Servieren die Eiswürfel dazu geben und die Früchte etwa 15–20 Min. darin durchkühlen lassen.

TIPP
Alternativ das Obst als Salat anbieten. Dazu alle Früchte schälen, putzen und klein schneiden. 3–4 EL Honig darübergeben und umrühren.

TIPP
Hierzu serviert James Portwein.

Prost Neujahr!

Fünf nach zwölf

Wenn die Silvesterparty nach Mitternacht erst richtig losgeht,
stellt sich bekannterweise der Appetit auch wieder ein.
Willkommen sind auf alle Fälle Mitbringsel, die – ob süß
oder salzig – auch gegen Morgen auf dem Silvesterbuffet
nicht schlappmachen.

Kichererbsensalat

Ergibt 10 Portionen

500 g	Kichererbsen (Konserve)
500 g	gekochte Kartoffeln, gewürfelt
je 150 g	rote, gelbe und grüne Paprika, gewürfelt
250 g	Mais (Konserve), abgetropft
400 g	Partytomaten, halbiert
100 g	schwarze Oliven, entsteint und halbiert

1	Bund Frühlingszwiebeln, in Ringen
4 EL	weißer Balsamico
5 EL	Gemüsebrühe
	Saft von 1 Zitrone
8 EL	Olivenöl
	Salz
	Pfeffer aus der Mühle
1	Bund Petersilie, gezupft und fein gehackt

- Kichererbsen, Kartoffeln, Paprika, Mais und Partytomaten in einer Schüssel mischen.
- Oliven und Frühlingszwiebeln unterheben.
- Balsamico, Gemüsebrühe, Zitronensaft im Mixer cremig rühren und langsam das Olivenöl zugeben. Mit Salz und Pfeffer abschmecken und über den Salat geben.
- Zum Schluss die gehackte Petersilie unterheben und 4–5 Std. kühl stellen.
- Kicherbsensalat kühl servieren.

TIPP
Der Salat lässt sich noch mit Zuckerschoten, fein gewürfelten Zucchini, Schafskäse und gekochten Eier verfeinern.

Prost Neujahr!

Lammbällchen mit Chili und Koriander

Ergibt 15–18 Stück

250 g	Lammhack
1	Knoblauchzehe, fein gehackt
1	kleine rote Zwiebel, fein gehackt
1 EL	geriebene Ingwerwurzel
2	kleine grüne Chilischoten, fein gehackt
1 TL	Garam Masala (indische Gewürzmischung, Asialaden)
1 TL	Salz
1 TL	gemahlener Koriandersamen
3 EL	gezupftes frisches Koriandergrün
	Kokosfett

- In einer Schüssel Lammhack, Knoblauch, Zwiebel, Ingwer und Chilischoten vermengen. Mit Garam Masala und Salz kräftig würzen. Koriandersamen und -blättchen untermengen.
- Mit feuchten Händen kleine Bällchen (ø 2–3 cm) formen.
- Kokosfett in der Pfanne sehr heiß werden lassen und die Bällchen knusprig braun braten.
- Auf Küchenkrepp abtropfen und auskühlen lassen.

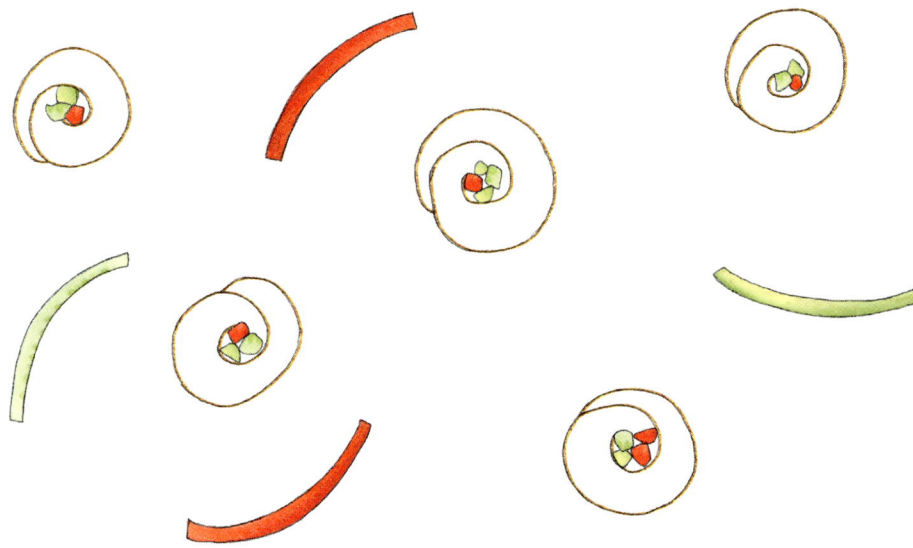

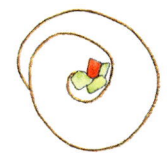

Veggie-Sushi
Ergibt etwa 18 Stück

400 g	Sushi-Reis
3 EL	Reisessig
1 EL	Zucker
1 TL	Salz
2	Noriblätter (Asialaden)
2 TL	Wasabi (Meerettich, Asialaden)
½	rote Paprika, in Streifen geschnitten
½	geschälte Avocado, in Streifen geschnitten
¼	entkernte Gurke, in Streifen geschnitten
1	kleine Bambusmatte (Asialaden)

Für die Präsentation
Sojasauce
eingelegter Ingwer
Wasabi

- Reis in einem Topf unter fließendem Wasser 2–3 Min. waschen, bis das Wasser klar bleibt. Wasser bis auf ½ cm über der Reismenge abschütten. Zugedeckt zum Kochen bringen. Sowie das Wasser kocht, auf geringe Hitze reduzieren. Etwa 15 Min. garen, Topf vom Feuer nehmen und den Reis etwa 5 Min. bei geschlossenem Deckel ausquellen lassen.
- Essig mit Salz und Zucker verrühren.
- Reis in eine Schüssel geben und die Essigmischung darüber geben. Immer wieder mit einem Löffel durch den Reis fahren, aber nicht rühren, bis der Reis Zimmertemperatur erreicht hat.
- Noriblätter mit einer Schere halbieren und mit der glatten Oberfläche nach unten auf die Bambusmatte legen.
- Abgekühlten Sushi-Reis dünn (das Noriblatt sollte noch durchscheinen) in einem Streifen von 2 cm auf den unteren Rand des Noriblattes geben und ½ TL Wasabi darauf verstreichen.
- Jeweils ¼ der Paprika-, Avocado- und Gurkenstreifen in die Mitte geben.
- Ende des Blattes mit Wasser oder Essig benetzen und Rolle mit Hilfe der Bambusmatte schließen.
- Rolle mit einem scharfen Messer (evtl. mit Wasser benetzen, damit der Reis nicht anklebt) in 6 gleich große Stücke schneiden.
- Die Sushi-Rollen auf eine Platte stellen und dazu Sojasauce, eingelegten Ingwer (siehe S. 58) und Wasabi servieren.

TIPP
Veggie-Sushis können Sie auch mit dünnen Streifen von Eier-Omeletts, Karotten, Kohlrabi etc. füllen.

Prost Neujahr!

Weiße Kaffeemousse mit Burgunderpflaumen

Ergibt 6 Portionen

Für die Kaffeemousse
- 700 g Sahne
- 120 g ganze Kaffeebohnen
- 75 g Zucker
- 50 g Eigelb
- 30 ml Kakaolikör,
  z. B. Crème de Cacao
- 10 Blatt weiße Gelatine,
  in kaltem Wasser eingeweicht

- 6 Förmchen à 200 ml

Für die Burgunderpflaumen
- 4 EL Honig
- 350 ml Wasser
- 1 TL gemahlener Zimt
- 18 weiche Trockenpflaumen,
  ohne Stein
- 200 ml guter Rotwein
- 1 TL getrocknete Bitterorangen-
  schale (Gewürzladen)

- ☺ 500 g Sahne und Kaffeebohnen in eine Schüssel geben und etwa 12 Std. marinieren.
- ☺ Sahne durch ein Sieb passieren, die Kaffeebohnen abtropfen und auf Küchenkrepp trocknen lassen. Kaffeesahne kalt stellen.

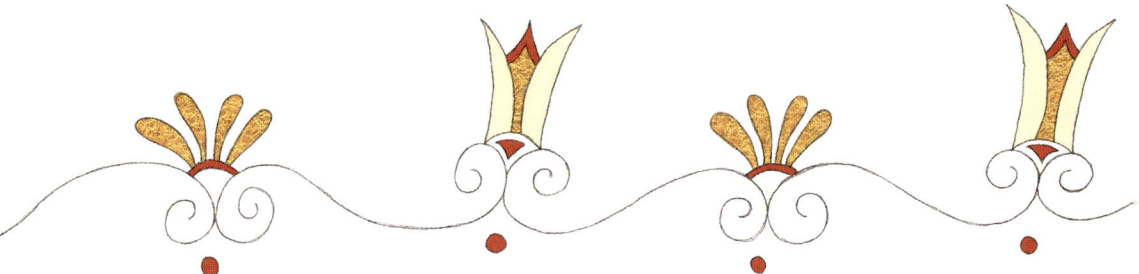

- Zucker und Eigelb im Wasserbad schaumig rühren.
- In einem Topf 200 g Sahne und Crème de Cacao erwärmen und die eingeweichte und ausgedrückte Gelatine darin auflösen. Mit der Eigelb-Zucker-Mischung vermischen und die Masse kalt stellen.
- Die Kaffeesahne steif schlagen und vorsichtig unter die anderen Zutaten mischen. Die Förmchen mit kaltem Wasser ausspülen, Kaffeemousse einfüllen und kalt stellen.
- Für die Burgunderpflaumen Honig, Wasser und Zimt in einen Topf geben und so lange bei geringer Hitze köcheln, bis die Flüssigkeit eine sirupartige Konsistenz erreicht hat.
- Burgunderpflaumen in eine Schüssel geben und den Sirup darüber geben. Den Rotwein angießen und die Bitterorangen-schale unterrühren.

TRANSPORTIDEE

Förmchen in einer großen Kasserolle, Burgunderpflaumen in einer klei-nen Schüssel mit Deckel mitnehmen und vor Ort jeweils 3 Burgunder-pflaumen und 1–2 ELSauce zur Weißen Kaffeemousse geben.

Neujahrsbrunch

Neujahrsbrunch bei Freunden? Die beste Gelegenheit,
den üppigen Festtagen ade zu sagen. Mit leichtgewichtigen
Mitbringseln liegen Sie ganz richtig, denn jetzt wollen alle nur
noch eins: den Gürtel auf leckere Weise wieder enger schnallen.

Neujahrszopf mit Mohn
Ergibt 6–8 Portionen

Für den Teig
500 g	Mehl
1	Päckchen Trockenhefe
75 g	Zucker
1 TL	Salz
½	Fläschchen Rum-Aroma
3	Tropfen Bittermandelöl
	abgeriebene Schale von
	1 ungespritzten Zitrone
1 Msp.	gemahlenen Kardamon
1 Msp.	gemahlene Muskatblüte
200 g	Butter, zerlassen
2	Eier
1	Eiweiß
6 EL	lauwarme Milch
100 g	Mandelstifte

Für die Dekoration
1	Eigelb
1 EL	Milch
2 EL	Mohn

- Mehl in eine Schüssel sieben und mit der Hefe gut vermischen. Zucker, Salz und Gewürze zugeben und mit Butter, Eier, Eiweiß und Milch mit dem Knethaken des Handrührgerätes in etwa 5 Min. zu einem glatten Teig verarbeiten.
- Mandelstifte unterkneten und an einem warmen Ort zugedeckt auf das Doppelte aufgehen lassen. Anschließend nochmals kräftig durchkneten.
- Teig in 3 gleiche Teile teilen und jeweils etwa 40 cm lange Rollen formen. Stränge zu einem Zopf flechten und auf ein mit Back-papier ausgelegtes Backblech legen.
- Eigelb und Milch verschlagen, den Hefezopf damit rundherum bestreichen und mit Mohn bestreuen.
- Hefezopf nochmals etwa 60 Min. gehen lassen, bis er sich fast verdoppelt hat.
- Den Hefezopf im vorgeheizten Backofen auf mittlerer Schiene bei 180 °C (Umluft 160 °C) in etwa 30–40 Min. goldbraun backen.
- Den Neujahrszopf vor dem Servieren auf einem Kuchengitter auskühlen lassen.

Prost Neujahr!

Karotten-Kreuzkümmel-Terrine mit Sesam

Ergibt 6–8 Portionen
Für 1 Terrinenform von 1,5 l

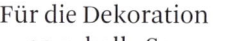

1 kg	Karotten, geschält
5	Eier
400 g	Sahne
1	Prise Safranpulver
1	Prise Currypulver
	Salz
	Pfeffer aus der Mühle
1 EL	Kreuzkümmelsamen (Cumin)

Für die Dekoration
   20 g helle Sesamsamen

- Karotten längs in 2 mm dicke Streifen schneiden und kurz in heißem Wasser blanchieren.
- Eier, Sahne, Safran und Currypulver verquirlen und mit Salz und Pfeffer abschmecken.
- Terrinenform mit ofenfester Klarsichtfolie auslegen und Folie jeweils seitlich überstehen lassen.
- Möhrenstreifen längs in die Form schichten und jede Schicht mit Kreuzkümmel bestreuen.
- Mit der Sahne-Safran-Curry-Mischung übergießen. Die Terrine mit der überstehenden Klarsichtfolie verschließen.
- In ein heißes Wasserbad stellen und im Ofen bei 160 °C (Umluft 140 °C) etwa 40 Min. garen.
- Die Sesamsamen ohne Fett in einer Pfanne goldbraun anrösten.
- Terrine aus dem Ofen nehmen und auskühlen lassen. Auf eine rechteckige Platte oder ein Brett stürzen und die Folie abziehen.
- Zum Servieren die Karotten-Kreuzkümmel-Terrine mit Sesam bestreuen.

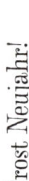

Mandarinen-Joghurt-Creme

Ergibt 10 Portionen

12	Blatt Gelatine
500 g	Joghurt
800 g	abgetropfte Mandarinen (Konserve), püriert
125 g	Puderzucker
200 ml	frisch gepresster Mandarinensaft
50 ml	frisch gepresster rosa Grapefruitsaft
3 EL	Zitronensaft
200 g	Sahne
2 EL	Zucker
½ TL	gemahlener Zimt

Für die Dekoration
Mandarinenschnitze
10 Blättchen Zitronenmelisse

- Gelatine nach Gebrauchsanweisung einweichen und 10 Min. quellen lassen.
- Joghurt in eine Schüssel geben, pürierte Mandarinen dazugeben und mit dem Puderzucker zusammen aufschlagen.
- Mandarinen-, Grapefruit und Zitronensaft leicht erwärmen und die ausgedrückte Gelatine darin auflösen.
- Die Gelatine zur Joghurt-Mandarinen-Zucker-Mischung geben und gut verrühren. Kalt stellen.
- Sahne mit Zucker und Zimt steif schlagen und unter die noch nicht feste Creme ziehen. Schüssel in den Kühlschrank stellen und die Creme etwa 1–2 Stunden fest werden lassen.
- Zum Servieren die Mandarinen-Joghurt-Creme mit Mandarinenschnitzen und Zitronenmelisseblättchen dekorieren.

Prost. Neujahr!

Kaffeekränzchen am Heiligen Dreikönigstag

Sie brauchen noch ein Mitbringsel für das Familientreffen am 6. Januar? Dann liegen Sie mit einer französischen Galette des Rois genau richtig, denn im Kreis der Lieben macht das Suchen nach der eingebackenen Trophäe richtig Spaß.

Galette des Rois

Französischer Königskuchen
Für eine Springform von 26 cm ø

Für die Konditorcreme		Für die Mandelfüllung	
10 g	Zucker	150 g	weiche Butter, in kleinen Stücken
2	Päckchen Bourbonvanillezucker	1	Ei
15 g	Speisestärke	1	Eigelb
2	Eigelb	100 g	Zucker
70 ml	Milch	2	Päckchen Bourbonvanillezucker
60 g	Crème fraîche	150 g	Mandeln, gemahlen
10 g	Butter		abgeriebene Schale von 1 unbehandelten Zitrone
		25 ml	Rum

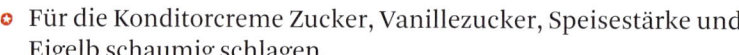

- Für die Konditorcreme Zucker, Vanillezucker, Speisestärke und Eigelb schaumig schlagen.
- Milch und Crème fraîche verrühren und unter Rühren zum Kochen bringen. Eigelb-Zucker-Mischung dazugeben und etwa eine Minute unter Rühren bei milder Hitze köcheln.
- Crème in eine Schüssel geben und Butter untermischen. Schüssel in ein kaltes Wasserbad stellen. Ab und zu umrühren und bis zur weiteren Verwendung beiseite stellen.
- Für die Mandelfüllung Butter in einer großen Rührschüssel schaumig rühren. Verquirltes Ei und Eigelb, Zucker, Vanillezucker, Mandeln und Zitronenschale dazugeben. Alles gut verrühren.
- Abgekühlte Konditorcreme dazugeben, verrühren und den Rum untermischen.

Für den Teig

350 g Blätterteig (Kühlregal)
  1 Eiweiß
  1 Glücksbringer
     (Porzellanfigürchen, Münze
     oder getrocknete Bohne)
  1 Eigelb
     Mehl für die Arbeitsfläche

  1 goldene Pappkrone
     (Bastelgeschäft)

- Auf einer bemehlten Fläche die Hälfte des Blätterteigs 2 mm dick ausrollen und die mit Backpapier ausgelegte Springform damit auslegen.
- Die Mandelfüllung auf dem Boden verstreichen. Dabei ringsum einen 1 cm breiten Rand frei lassen. Teigrand mit Eiweiß bestreichen.
- Glücksbringer in die Füllung stecken. Den restlichen Blätterteig 2 mm dick ausrollen und den Kuchen damit bedecken.
- Teig an den Rändern leicht andrücken und überschüssigen Teig abschneiden.
- Oberfläche mit verquirltem Eigelb bestreichen, mit der Gabel mehrmals einstechen. Mit einem scharfen Messer ein Rautenmuster auf die Galette ritzen. Im vorgeheizten Ofen bei 175 °C (Umluft 160 °C) etwa 40 bis 45 Min. goldbraun backen.
- Die Galette des Rois auf einem Kuchengitter auskühlen lassen, die Krone daraufsetzen und servieren.

Prost, Neujahr!

Last-Minute-Geschenke

Stress an der Mitbringselfront? Das muss nicht sein!
Die folgenden Weihnachtsüberraschungen lassen sich noch am
24. Dezember im Handumdrehen zubereiten.

Nougat-Aprikosen

Ergibt etwa 25 Stück

- 200 g Nussnougat
- 250 g Soft-Aprikosen
- 50 g Mandelstifte

- Nussnougat 15 Min. im Wasserbad (max. 30 °C; siehe S. 53) vorsichtig schmelzen und die Aprikosen einzeln jeweils bis zur Hälfte in die Nougatmasse tauchen. Aprikosen auf ein Stück Alufolie legen und mit Mandelstiften bestreuen.
- Im Kühlschrank mind. 4 Std. hart werden lassen und bis zum Verbrauch kühl lagern.

VERPACKUNGSIDEE
Nougat-Aprikosen in eine kleine Blechschachtel stapeln und möglichst kühl aufbewahren.

Pistazienpralinen

Ergibt 35–40 Stück

200 g	Zucker
4 EL	Wasser
100 g	gehackte Pistazienkerne
6 EL	Sahne
80 g	Mais- oder grobe Haferflocken
150 g	dunkle Schokolade, gehackt

Für die Dekoration
   ganze Pistazienkerne

- Zucker und Wasser in einen Topf geben und bei geringer Hitze zu goldbraunem Karamell rühren.
- Pistazienkerne und Sahne zugeben und einmal kurz aufkochen lassen. Vom Feuer nehmen.
- Maisflocken und Schokolade unterrühren. So lange rühren, bis die Schokolade geschmolzen ist.
- Ein Stück Backpapier mit Öl einpinseln, walnussgroße Pralinen von der Masse abstechen und auf das Papier setzen.
- Je 1 Pistazie auf die Pralinen setzen und gut kühlen.
- Zum Servieren die Pistazienpralinen Raumtemperatur annehmen lassen.

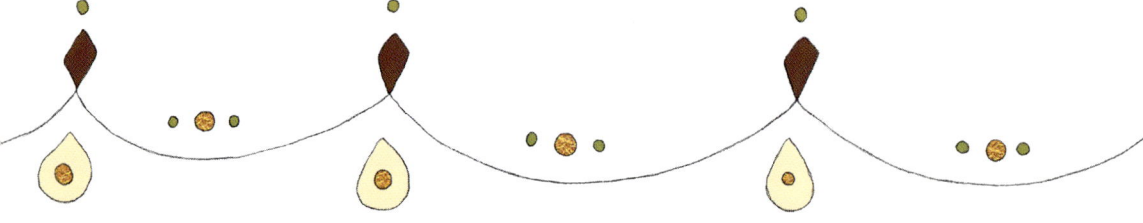

Maronenchutney mit roten Zwiebeln

Für 1 Schraubdeckel- oder Bügelglas à 750 ml

60 g	Olivenöl
4	große rote Zwiebeln, in dünnen Ringen
1	Fenchelknolle, geputzt und in dünnen Scheiben
250 g	gekochte Maronen (Konserve)
100 g	brauner Zucker
125 ml	Apfelessig
125 g	halbtrockener Sherry
	Pfeffer aus der Mühle

- Öl in einem großen Topf erhitzen. Zwiebeln und Fenchel darin 25 bis 30 Min. weich köcheln.
- Maronen halbieren und mit Zucker, Essig und Sherry in den Topf geben, mit Pfeffer würzen und ohne Deckel etwa 1 Std. bei milder Hitze einkochen lassen.
- In das Glas füllen und Deckel verschließen.
- Maronenchutney mit roten Zwiebeln vor dem Verbrauch auskühlen lassen.

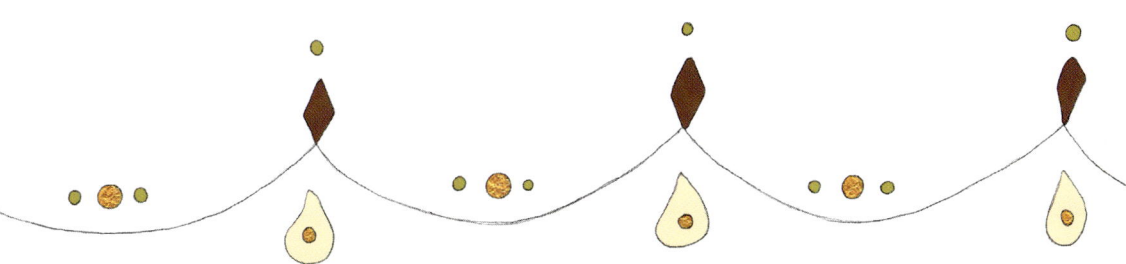

Neunerlei–Lebkuchengewürz

Ergibt 100 g Gewürzmischung

25 g	gemahlene Pomeranzenschalen
15 g	gemahlene Zitronenschalen
15 g	gemahlener Zimt
5 g	gemahlene Madagaskar-Nelken
10 g	gemahlener Sternanis
10 g	gemahlener Ingwer
10 g	gemahlene Muskatnuss
5 g	gemahlener Kardamom
5 g	gemahlener weißer Pfeffer

 In einer Schüssel alle Zutaten gut miteinander vermischen.

TIPP
Die losen Gewürze gibt es im Gewürzladen oder in der Apotheke.
20 g Gewürzmischung reichen für 1,5 kg Mehl

VERPACKUNGSIDEE
Packen Sie die Mischung in ein kleines Weckglas und legen Sie Ihr-Lieblings-Lebkuchenrezept (z. B. Marzipanlebkuchen mit Glanzbildchen S. 82) dazu.

Jasmintee-Salz

Ergibt 100 g Salzmischung

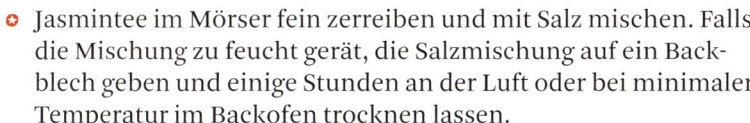

25 g Jasmintee (Asialaden)
75 g feines Meersalz

- ☉ Jasmintee im Mörser fein zerreiben und mit Salz mischen. Falls die Mischung zu feucht gerät, die Salzmischung auf ein Backblech geben und einige Stunden an der Luft oder bei minimaler Temperatur im Backofen trocknen lassen.

VERPACKUNGSIDEE
Die Salzmischung in ein kleines Tongefäß mit Korkdeckel, in eine Blechdose oder ein Apothekerglas mit der Aufschnrift »Feinstes Jasmintee-Salz« geben.

Pesto rosso

Ergibt 2 Schraubdeckelgläser à 225 ml

350 g in Öl eingelegte, getrocknete Tomaten
100 ml Olivenöl
2 grüne Peperoni
1 Knoblauchzehe
30 g Cashewkerne, gemahlen
30 g Pinienkerne, gemahlen
75 g geriebener Pecorino
½ TL Cayennepfeffer
1 TL Meersalz

- ☉ Tomaten in einem Sieb abtropfen lassen. Öl auffangen und auf 190 ml auffüllen.
- ☉ Tomaten mit Peperoni und Knoblauch im Mixer zerkleinern. Cashew- und Pinienkerne zufügen und weiter pürieren, dabei Öl langsam dazugießen.
- ☉ Käse untermischen und mit Cayennepfeffer und Salz würzen.
- ☉ Pesto rosso in Gläser mit Schraubdeckel füllen, fest verschließen und kühl stellen.

Prost Neujahr!

Schnelle Mandelsplitter

Ergibt etwa 15 Stück

100 g	gestiftelte Mandeln
1	Päckchen Vanillezucker
75 g	dunkle Schokolade (70%)
25 g	Kokosfett

- ○ Mandeln in einer Pfanne ohne Fett golden rösten. Vanillezucker darüber streuen und mit den Mandeln vermischen. Vom Feuer nehmen und abkühlen lassen.
- ○ Schokolade und Kokosfett im Wasserbad (siehe S. 53) schmelzen. Mandelstifte unterrühren und etwas abkühlen lassen. Mit zwei Teelöffeln längliche Häufchen auf Alufolie oder Backpapier setzen und kühl stellen.
- ○ Mandelsplitter kühl und trocken lagern.

Teufelsbirnen

Ergibt 2 große Weckgläser à 500 ml

500 g	Birnen, geschält, geputzt
250 g	Preiselbeeren, entstielt
	Saft von 1 Zitrone
350 g	brauner Zucker
500 ml	brauner Rum (54%)

- Birnen in eine Schüssel legen, mit Zitronensaft begießen und mit Wasser auffüllen, bis die Birnen bedeckt sind. 10 Min. ziehen lassen

- Birnen aus dem Zitronenwasser nehmen, auf einen tiefen Teller legen und mit Zucker bestreuen. 30 Min. ziehen lassen. Birnen schichtweise mit den Preiselbeeren in die Weckgläser füllen, mit Rum begießen und fest verschließen. Die Teufelsbirnen halten sich gekühlt mehrere Wochen.

TIPP
Am besten schmecken die Teufelsbirnen als Beilage zu Wildgerichten.

Rezepte nach Gruppen

Register nach Anlässen

Register alphabetisch

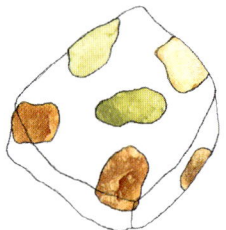

Regina Schneider ist Journalistin und Bestseller-Autorin (*Aldidente*), hat zahlreiche Kochbücher veröffentlicht und ist Herausgeberin von Gastroführern. Sie lebt mit ihrer Familie in Frankfurt. Bei Gerstenberg haben sie und Birgit Hackl bereits *Homemade*[H] und *Homemade*[H]*Party* veröffentlicht.

Birgit Hackl ist Kommunikationsexpertin, Autorin und begeisterte Köchin. Sie betreut mehrere Projekte in den Bereichen Kinder, Gesundheit und Bildung. Sie lebt mit ihrer Familie in der Wetterau.

Miriam Koch, geb. 1980, studierte Kommunikationsdesign mit Schwerpunkt Illustration in Trier und lebt heute in Bremen. Ihre große Liebe zur Nordsee inspirierte sie zu ihrem ersten Erfolgsbilderbuch *Fiete Anders*. Sie illustrierte bereits *Homemade*[H] und *Homemade*[H]*Party*.

Aus der Homemade[Ⓗ]-Küche

»Nicht nur, dass die Autorinnen mit originellen Ideen auftrumpfen ..., auch die Illustrationen von Miriam Koch sind reizend. *Homemade* ist so liebenswert, dass das Buch selbst ein prima Mitbringsel hergibt.« *Saisonküche*

Regina Schneider & Birgit Hackl

Homemade[Ⓗ]
99 kulinarische Mitbringsel

Glückwunsch · Dankeschön · Mitbringsel auf Bestellung · Süße Trostpflaster · Festtagsmitbringsel · Die pfiffige Speisekammer

Illustrationen von Miriam Koch
144 Seiten
ISBN 978-3-8369-2570-9

Regina Schneider & Birgit Hackl

Homemade[Ⓗ] Party
99 kulinarische Mitbringsel

In großer Runde · Im kleinen Kreis · Wenn es regnet oder schneit · Wenn die Sonne lacht · Feiern de Luxe · Partyklassiker · Bei Anruf Party

Illustrationen von Miriam Koch
160 Seiten
ISBN 978-3-8369-2591-4

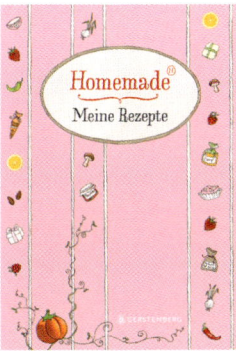

Homemade[Ⓗ] Meine Rezepte

128 Seiten zum Eintragen von entdeckten, ausgedachten, probierten und bewährten Köstlichkeiten

Illustrationen von Miriam Koch
128 Seiten
ISBN 978-3-8369-2604-1

Illustrationen: Miriam Koch
Gestaltung und Satz: typocepta, Wilhelm Schäfer, Köln
Druck und Bindung: Westermann Druck, Zwickau

www.gerstenberg-verlag.de

ISBN 978-3-8369-2603-4